Heinrich Brunner

Das gerichtliche Exemtionsrecht der Babenberger

Heinrich Brunner

Das gerichtliche Exemtionsrecht der Babenberger

ISBN/EAN: 9783743671010

Hergestellt in Europa, USA, Kanada, Australien, Japan

Cover: Foto ©Suzi / pixelio.de

Weitere Bücher finden Sie auf **www.hansebooks.com**

DAS

GERICHTLICHE EXEMTIONSRECHT

DER

BABENBERGER

VON

Dr. HEINRICH BRUNNER

WIEN

AUS DER K. K. HOF- UND STAATSDRUCKEREI

IN COMMISSION BEI KARL GEROLD'S SOHN, BUCHHÄNDLER DER KAISERLICHEN AKADEMIE
DER WISSENSCHAFTEN

1864

Aus dem Juli-Hefte des Jahrganges 1864 der Sitzungsberichte der phil.-hist. Cl. der kais. Akademie der Wissenschaften [XLVII. Bd., S. 313] besonders abgedruckt.

Im Gegensatze zum modernen Staate, den die Fülle seiner positiven Staatszwecke kennzeichnet, lässt sich der mittelalterliche Staat als Kriegs- und Rechtsanstalt definiren. Seine Aufgabe war vorwiegend negativer Natur. Das Schwert, das der Richter wie der Krieger führte, erschien als Sinnbild der staatlichen Gewalt. Die Staatshoheit fiel nach der innern Seite des Staatslebens mit der Gerichtshoheit zusammen.

Bekanntlich ging das deutsche Reich daran zu Grunde, dass innerhalb desselben staatliche Neubildungen aufwucherten, dass das Fürstenthum allmählich die Rechte des Königthumes aufsog, bis in den einzelnen Territorien die Landeshoheit an die Stelle der Reichsgewalt getreten war. Diesen Auflösungsprocess bis in seine frühesten Stadien zu verfolgen, muss nach dem oben Gesagten die Betrachtung jener Verhältnisse, in welchen die Gerichtshoheit zum Ausdrucke kam, die wesentlichsten Anhaltspuncte bieten.

Oberster Gerichtsherr war im deutschen Reiche der König. Von ihm ging alle richterliche Gewalt aus. Da er die Rechtspflege nicht überall selbst handhaben konnte, so äusserte sich seine Gerichtshoheit hauptsächlich in der ausschliesslichen Übertragung der Gerichtsbarkeit auf Andere. Die vom Könige bestellten Richter waren ursprünglich blos Beamte desselben, die zur Entlohnung für ihre Dienste mit Lehnsgut ausgestattet wurden. Im Laufe der Zeit verwuchs das Amt mit dem Lehen, die nutzbare Seite der Gerichtsbarkeit trat in den Vordergrund. Die Pflicht wurde ein Recht und aus dem Richteramte entstand das Gerichtslehen, ein Product von Amt und Lehen, in dem der eine Factor sich in soferne zur Geltung brachte, als der ursprüngliche Amtscharakter die Grundsätze des Lehnrechtes wesentlich modificirte ¹).

So mannigfaltig sich auch auf diesem Gebiete die Verhältnisse im Einzelnen gestalten mochten, so lässt sich doch nach den vereinzelten Bestimmungen, welche die Rechtsbücher des 13. Jahrhunderts, namentlich der Sachsenspiegel über das „len an gerihte" anführen, jener Zustand juristisch fixiren, welchen das Rechtsbewusstsein der Zeit als den normalen betrachtete. Der mit der Gerichtsbarkeit Belehnte war zumal in der weitern Übertragung derselben beschränkt. Theilung und Veräusserung ohne Zustimmung des Lehnsherrn durfte auch beim echten Lehen nicht vorgenommen werden. Während aber sonst der Vasall ohne Rücksicht auf diese Einwilligung zur Afterbelehnung befugt war, konnte jener die ihm verliehene Gerichtsbarkeit weder ihrem ganzen Inhalte nach ihrem vollen Umfange nach weiterleihen ²). Er hatte nur das Recht, aber freilich auch zugleich die Pflicht, einen Theil seiner Gerichtsbarkeit, und zwar in niedrigerem Masse und für einen engeren Kreis zur Bestellung eines Gerichtes abzugeben, das in dem seinen nach der bestehenden Gerichtsverfassung als Untergericht und Afterlehen enthalten war. So konnte und musste z. B. der Graf die erledigte Cent verafterleihen, durfte jedoch nicht etwa für die ganze Grafschaft anstatt mehrerer nur einen Centenar bestellen oder dem Centenar einer einzelnen Cent die volle Grafengewalt ertheilen oder endlich nach Belieben neue Centschaften errichten.

Hiezu kam noch ein Anderes. Der Lehnsträger durfte jenem, dem er ein höheres Gericht mit Recht weiter geliehen hatte, nicht zugleich auch die Gerichtsgewalt als solche, den Bann, das jus distringendi, übertragen. Jeder höhere Richter, also z. B. der vom Fürsten bestellte Graf oder Vogt hatte den Gerichtsbann unmittelbar vom Könige einzuholen und ihm Hulde zu thun nach freien Mannes Recht ³). Diese Bannleihe ist scharf zu scheiden von der Gerichts-

---
¹) Homeyer, Sachsenspiegel II. 2. System des Lehnrechtes. p. 528 ff.
²) Homeyer a. a. O. p. 537. Ssp. III, 53. §. 3: man ne mut ok nen gerichte delen noch ganz lien noch del... it ne si en sunderlik grafscap, di in en vanlen hore. s. Lhnr. 71: it ne si en sünderlik gerichte, dat in sin gerichte hore. Auctor Vetus II, 08: nisi sit singulare Iudicium, quod in illud (iudicium concessum) pertineat.
³) Homeyer a. a. O. 541, III. Stobbe Gerichtsverfassung des Ssp. in der Zeitschrift für deutsches Recht. XV. p. 88 ff.

leihe. Jene gibt die Gewalt, diese das Recht zu richten; dort wird Hulde ohne Mannschaft, hier Hulde mit Mannschaft geleistet, m. a. W. durch Entgegennahme des Bannes wurde das Gericht, für welches er geliehen worden, nicht etwa unmittelbar vom Könige lehnrührig.

Während der König einerseits das ausschliessliche Recht der Bannleihe hatte, konnte er andererseits jenem den Bann nicht verweigern, dem das Gericht geliehen war. Es dürfte diese Beschränkung die Auffassung nahe legen, als sei die Bannleihe nichts als eine Förmlichkeit gewesen, an welcher die deutschen Könige festhielten, „um die ursprüngliche Herkunft der Gerichtsbarkeit nicht aus dem Gedächtnisse der Menschen verschwinden zu lassen" [1]. Mir scheint die praktische Bedeutung der königlichen Bannleihe gerade darin zu liegen, dass der König allerdings den Bann verweigern konnte, wenn die Gerichtsleihe den Grundsätzen über das Gerichtslehen nicht entsprach, sei es nun in Bezug auf die rechtliche Befähigung des Beliehenen oder in Bezug auf die gesetzlichen Beschränkungen der Weiterverleihung. So bot sich dem Königthume in der Bannleihe ein passendes Mittel gegen jede unberechtigte Veräusserung und Verleihung der höheren Gerichtsbarkeit, eine sichere Garantie gegen eigenmächtige Änderungen in der bestehenden Gerichtsverfassung [2].

Aus dem Gesagten ergibt sich von selbst, dass der mit der Gerichtsbarkeit Beliehene nicht befugt war, gerichtliche Immunitäten zu ertheilen, d. h. von der öffentlichen Gerichtsbarkeit zu befreien

---

[1] J. Berchtold, die Landeshoheit Österreichs nach den echten und unechten Freiheitsbriefen. München 1862, S. 159.

[2] 1174 sprach eine Reichssentenz den Grundsatz aus, dass die Veräusserung der Gerichtsbarkeit, so wie aller übrigen Grafschaftsrechte nichtig sei. Guilelmus Forealcherie comes ... petit sententiam, si de iure in irritum debet revocari, quidquid ab antecessoribus de Iurisdictione et de iure hospitiorum et dignitate comitatus alienatum esse constaret ... prolata sententia est, quod nequaquam firmum et stabile deberet aut posset permanere ... comiti comitatus dignitatem et iurisdictionem et regalia restituimus. Pertz legg. II, 145.

Eine Reichssentenz von 1238 geht in Bezug auf die Pfaffenfürsten noch weiter: teloneum, moneta, officium sculteti et iudicium seculare nec non et similia, quae principes ecclesiastici recipiunt et tenent de manu imperiali et praedecessorum nostrorum, sine consensu nostro (regis) iufeodari non possunt. l. c. 329. Wie lange diese Grundsätze sich im Allgemeinen erhielten, beweist die Sentenz vom 18. Jan. 1283: Quod nullus comitatus sub Romanorum imperio sine nostro consensu possit vel debeat dividi vel vendi aut distrahi pars aliqua, per quam esset comitatus huiusmodi diminutus. Legg. II, 442.

und die ihr correspondirenden Rechte zu übertragen. Denn jede solche Exemtion erweist sich nach den eben entwickelten Grundsätzen als unstatthaft, so ferne sie der belehnte Richter einseitig vornahm, unstatthaft, man mag sie nun als ein Lassen oder als ein Leihen der Gerichtsbarkeit, als Veräusserung i. eig. S. oder als Afterbelehnung auffassen. Also auch gegen Exemtionen von Seite der Gerichtsvasallen war die Gerichtsverfassung des Reiches geschützt. Der König war um so mehr in der Lage sein ausschliessliches Exemtionsrecht wenigstens in Bezug auf die höhere Gerichtsbarkeit zu wahren, als der für das Immunitätsgebiet bestellte Vogt den Königsbann einzuholen hatte.

Im Laufe der Zeit hat sich das Fürstenthum über alle diese Beschränkungen hinweggesetzt und mit der Landeshoheit auch ein selbstständiges Exemtionsrecht erworben. Die Ausübung dieses Rechtes, die Befreiung von der öffentlichen Gerichtsbarkeit ist schon an sich eine der wesentlichsten Äusserungen der Gerichtshoheit. Ausserdem lässt sie aber zurückschliessen auf die Entkräftung und Beseitigung der allgemeinen Grundsätze des Gerichtslehnrechtes, in Consequenz deren ursprünglich der Lehnsträger nicht eigenmächtig eximiren durfte. Somit bildet die Ausbildung des Exemtionsrechtes einen wichtigen Abschnitt in der Geschichte der landesherrlichen Gerichtshoheit und die Untersuchung über die allmähliche Entwickelung der letzteren ist um so mehr auf das Gebiet der gerichtlichen Exemtionen hingewiesen, als gerade hier das urkundliche Material sich in verhältnissmässiger Fülle bietet.

Die Immunitätsverleihung ist ursprünglich, wie gesagt, ausschliessliches Recht des obersten Gerichtsherrn, also des Königs. So lange im Gerichtslehen der Charakter des Amtes überwog, war dieses Recht im Gegensatze zu den Bestimmungen über das echte Lehen nicht einmal durch ein entgegenstehendes Recht des Vasallen beschränkt. Während nämlich sonst der Lehnsherr die Rechte des Lehnsmannes wider dessen Willen nicht verkürzen durfte, hat sich lange Zeit hindurch der König seinen belehnten Richtern gegenüber an diese Beschränkung nicht gebunden. Die sogenannte Gauauflösung, die allmähliche Zersetzung der alten Grafschaftsverfassung liesse sich ohne jenes ausgedehnte Verfügungsrecht des Königs schlechterdings nicht erklären. Zahlreiche Kirchen und kirchliche Corporationen erhielten Privilegien, durch welche sie von der Gewalt des öffentlichen Richters befreit wurden, ohne dass man dessen Zustimmung für nöthig erachtete. Ein Recht, die Exemtion von seiner Einwilligung abhängig zu machen, konnte der Lehnsträger anfänglich schon darum nicht besitzen, weil es in jedem einzelnen Falle umgangen werden konnte, so lange sich der Grundsatz aufrecht erhielt, dass das Königsgut als solches frei sei von allen öffentlichen Leistungen und Abgaben. Um ein Gut zu eximiren, tradirte man es dem König; dadurch wurde es Königsgut und als solches immun.

Naturgemäss war es die nächste Stufe der Entwickelung, dass in dieser Beziehung die allgemeinen lehenrechtlichen Grundsätze sich Bahn brachen und der König bei jeder Exemtion die Zustimmung des dadurch beeinträchtigten Vasallen einzuholen hatte. Wurde in solchen Fällen die streng lehnrechtliche Form eingehalten, so musste der öffentliche Richter seine Gerichtsbarkeit über das zu eximirende Gut in die Hände des Königs auflassen, ehe dieser sie dem neuen Immunitätsherrn übertrug. Später drehte sich das Verhältniss um, insofern die Exemtion vom Lehnsträger ausging, während die königliche Bestätigung als unerlässliche Ergänzung hinzutrat. Schliesslich wird diese Bestätigung umgangen und fällt als überflüssig hinweg. Der zum Landesherrn gewordene Lehnsträger erlangt das unbeschränkte Exemtionsrecht. Im ersten der vier angegebenen Stadien ist das Gericht ein Amt, im zweiten strenges, im dritten freieres Lehen, im letzten selbstständiges Hoheitsrecht.

Soll eine Untersuchung über diesen im Allgemeinen angedeuteten Entwickelungsgang des landesherrlichen Exemtionsrechtes zu einigermassen zuverlässigen Resultaten führen, so muss sie sich nach den einzelnen Territorien Deutschlands abgrenzen, da bekanntlich die Landeshoheit sich höchst ungleichmässig und verschiedenartig ausgebildet hat. Meines Wissens hat der erwähnte Gegenstand in der deutschen Rechtsgeschichte bisher kaum vorübergehende Berücksichtigung, geschweige denn eine zusammenhängende Darstellung gefunden. Ich will eine solche in Bezug auf das babenbergische Österreich versuchen. Hier wuchs die Landeshoheit aus der Amtsgewalt des Fürsten heraus, im Gegensatze zu den vielen deutschen Territorien, wo gerade die königliche Exemtion von der öffentlichen Gewalt ihre Grundlage bildete. In den österreichischen Marken haben die einfachen Verhältnisse der alten Gerichtsverfassung sich länger erhalten, und fallen die meisten Exemtionen erst in die Zeit, als dem Königthume schon eine starke territoriale Gewalt gegenüberstand, während im übrigen Deutschland die Mehrzahl der Immunitätsverleihungen jener Periode angehört, in der der König das ausschliessliche Exemtionsrecht noch unbestritten ausübte, und zwar in so verschwenderischer Weise, dass es zur Zeit der aufkeimenden Landeshoheit kaum noch etwas zu eximiren gab und man sich mit Bestätigung früherer Privilegien begnügen konnte.

Vor Allem gilt es zu untersuchen, ob sich aus der Stellung, welche die Babenberger in Bezug auf die Gerichtsbarkeit im Allgemeinen einnahmen, mit nothwendiger Consequenz Anhaltspuncte zur Lösung unserer Frage ergeben.

Die staatsrechtliche Stellung der österreichischen Landesfürsten liegt in der Markverfassung ihrer zwei Hauptlande der Ost- und der Steiermark begründet. Zumal auf die Ausbildung der Gerichtshoheit nahmen die eigenthümlichen Markverhältnisse massgebenden Einfluss. Die Mark ist die Vereinigung mehrerer Grafschaften in einer Hand; der Markgraf erscheint nicht etwa als ein über mehrere Grafen gesetzter Obergraf, sondern übt in der ganzen Markgrafschaft die Grafengewalt selber aus, im Gegensatze zu den übrigen Fürsten, welche die Grafschaften in die dritte Hand zu leihen verpflichtet sind. Die Markverfassung dauerte in den Marken auch nach deren Erhebung zu Herzogthümern fort [1]). Der Herzog hat die Rechte, die er als Markgraf besass, mit nichten aufgegeben [2]). Die Babenberger wurden durch das Privilegium minus nicht zu Herzogen im gewöhnlichen Sinne des Wortes, sondern so zu sagen zu Markherzogen erhoben, welche die äussere Machtstellung und den Rang des Herzogs mit der nach innen um vieles strafferen Gewalt des Markgrafen vereinigten.

Wie früher der Markgraf gab auch der Herzog die gräfliche Gerichtsbarkeit nicht in die dritte Hand. Abgesehen von vielen anderen Belegstellen lässt gleich der erste Artikel des österreichischen

---

[1]) Öst. Landesr. jüng. Fassg. Art. 40 ... daz der landesherr die herren von dem land nicht dringe ze varn hereuber das gemerkch, er tue es dann mit guot oder mit pete, wann dicz land ain recht march ist. Archiv f. Kunde öst. Geschichtsquellen X, 165.

[2]) Vergl. Gaupp, deutsche Stadtrechte des Mittelalters 2. Band, p. 209: „sicher sollten die Rechte, welche bereits in der Markgrafschaft gelegen hatten, bei jener Erhebung zum Herzogthum eher vermehrt als vermindert werden."

Landesrechts sich hiefür anführen. „Daz dehain landesherre sol dehain taiding haben nur über sechs wochen und niht darhinder und sullen auch die taiding sein nur ze Neuburg ze Tullen und ze Mautern". Schon Karl der Grosse hatte drei allgemeine Dinge für jede Grafschaft angeordnet. Nach Ssp. I. 2. §. 2 und III. 61. §. 1 dingt der Graf über 18 Wochen, also drei Mal im Jahre. Nach Landesrecht Art. 1 hält der Landesherr sein Taiding an drei Malstätten von 6 zu 6 Wochen, also an jeder von 18 zu 18 Wochen. Das Dingen von 6 zu 6 Wochen, wie es Ssp. III. 65. §. 1 als eine Eigenthümlichkeit der Mark hinstellt, lässt darauf schliessen, dass die Mark ihrem Umfange nach drei gewöhnlichen Grafschaften gleichstand[1]). Für die Ostmark ergibt sich des weiteren daraus eine Eintheilung in drei der Grafschaft entsprechende Gerichtssprengel; denn es ist in hohem Grade unwahrscheinlich, dass sämmtliche Märker auf allen drei Malstätten zu erscheinen, also neunmal im Jahre das ungebotene Ding zu suchen hatten.

Nach dem österreichischen Landesrechte setzt der Landesherr (vielleicht hauptsächlich zur Abhaltung der gebotenen Dinge) drei Landrichter „an seiner statt", die jedoch das Gericht nicht zu Lehen haben, sondern im strengsten Sinne des Wortes stellvertretende Beamte sind. Sie besitzen kein eigenes Gewette; die Wandel, bei denen sie richten, sind dieselben, wie die des Landesherrn. Sie erhalten von diesem jährlich 300 Pfund „ze Kost". Des Herzogs Schreiber sitzt an ihrer Seite, um die Wandel und Bussen anzuschreiben, die nicht der Richter, sondern der Herzog empfängt [2]).

---

[1]) Gaupp (Miscellen des deutschen Rechts S. 126) bringt diese Frist damit in Zusammenhang, dass man in der Mark von Schöffenbarfreien nichts weiss und dass die ihnen zunächst stehenden Pfleghaften nach Ssp. I. 2. §. 3 des Schultheissen Ding binnen sechs Wochen zu suchen haben. Für die Ostmark könnte dieser Grund nicht massgebend sein, da hier die Gerichtsverfassung von der Ständegliederung abhängt und im österreichischen Landesrechte beider Relationen die sentmässigen Leute hervorgehoben werden.

[2]) Landesrecht ältere Fassung Art. 68: wan der landesherr einen richter sezt an seiner stat, dem sol er iedes iar ze kost geben drewhundert phunt und sol des landesherrn schreiber an des richters seiten sizen und anschreiben die wandel und die pues, die da ertailt werdent, und sol si der schreiber dem landesherrn fuerpringen und sol der landesherr damit tuen, waz an seinen gnaden ist. Und sol ein ieglicher richter ze Newnburch ze Tuln und ze Mautern ein schrann machen . . . etc. Ottokar setzt im Landfrieden von 1251 vier Landrichter, zwei diesseits, zwei jenseits der Donau. Archiv für Kunde öst. Geschichtsquellen I, 59.

Während sonst die Gerichtsgefälle mit dem Gerichte zu Lehen gegeben waren oder doch mindestens eine Theilung derselben zwischen Gerichtsherrn und Lehnsträger eintrat, stand der Herzog innerhalb der Marken den höheren Landrichtern gegenüber, im ungetheilten Genusse der Gerichtsbarkeit und besitzen diese ihm gegenüber nur einen persönlichen Anspruch auf Besoldung. Von den Landrichtern, die an des Herzogs statt sitzen, werden bestimmt geschieden die Landrichter in den niederen Landgerichten, die keinen höheren Wandel haben, denn 6 Schillinge und nicht von jenen, sondern vom Herzoge eingesetzt werden [1]).

Mit Vorsicht ist die Darstellung der märkischen Gerichtsverfassung im Sachsenspiegel auf die österreichischen Markverhältnisse anzuwenden, und es scheint mir zum mindesten sehr gewagt, wenn Schulte [2]) ohne weiteres behauptet, dass in Österreich ganz dasselbe galt, was der Sachsenspiegel als Eigenthümlichkeit der Mark erwähnt. Es würde zuweit führen, eine erschöpfende Parallele zwischen der Mark des Ssp. und der Ostmark zu ziehen. Ich muss mich darauf beschränken, die Hauptpuncte herauszugreifen und einzelne Sätze des Sachsenspiegels mit dem österreichischen Landesrechte zusammenzuhalten, das ungefähr um dieselbe Zeit wie jener entstanden ist [3]).

1. Nach Ssp. III. 64. §. 7 beträgt das Gewette des Markgrafen nur 30 Schillinge, während man dem Grafen, der unter Königsbann dinget, deren 60 wettet. Meines Wissens ist dieses niedrigere Gewette für Österreich noch nicht nachgewiesen worden, während es sich für die sächsisch-slavischen Grenzgegenden urkundlich feststellen lässt[4]). Der Spiegel der deutschen Leute [5]) zählt unter den Richtern, die zu 60 Schillingen dingen, auch den Markgrafen auf und ändert die eben erwähnte Stelle des Ssp. folgendermassen um: isleichen marcgraue

---

[1]) Im Landesrechte jüngerer Fassung erscheint ein oberster Landrichter, den die ältere Fassung nicht kennt; er dürfte dem iusticiarius des Königs im Landfrieden von 1235 (Pertz legg. II, 317, Art. 15) nachgebildet sein. Berchtold (Landeshoheit S. 171) kennt nur einen Landrichter an des Herzogs statt und stellt diesen mit dem obersten Landrichter der jüngeren Fassung zusammen.

[2]) Schulte, Lehrbuch der deutschen Reichs- und Rechtsgeschichte §. 112, Note 3.

[3]) Heinrich Siegel, die beiden Denkmäler des österreichischen Landesrechtes und ihre Entstehung. Sitzungsber. der k. Akad. d. Wissensch. Bd. 35, S. 109 ff.

[4]) Gaupp, Miscellen (über die Herabsetzung des Gewette in den schlesischen Stadtrechten und dem culmischen Rechte auf die Hälfte etc.) p. 117.

[5]) Dsp. 319, S. 132.

(wettet man) dreizzich schilling „ze dem minnisten". Der Swsp. hat diesen Satz gar nicht mehr aufgenommen. Es fallen jene Varianten des Dsp. um so mehr in's Gewicht, als sie sich in jenem Theile des Rechtsbuches finden, in dem der Verfasser desselben den Ssp. nicht überarbeitete, sondern blos übersetzte, sich also nur auf die nöthigsten Änderungen beschränkt haben mochte. Dies berechtigt zu der Vermuthung, dass in Süddeutschland ein niedrigeres Gewette für die Marken nicht bekannt war und dass der Bestimmung des Ssp. eine vereinzelte Eigenthümlichkeit der sächsischen Marken zu Grunde liege [1]). Was das Gewette des österreichischen Herzogs innerhalb der alten Marken betrifft, so scheinen mir Gaupp und Schulte zu irren, wenn sie es zu 30 Schillingen ansetzen und eben so Berchtold [2]), wenn er, jene corrigierend, einen herzoglichen Bann zu 60 Schillingen annimmt. In den babenbergischen Stadtrechten, so wie im österreichischen Landesrechte [3]) beträgt der höchste Satz der dem Herzoge verfallenden Strafgelder [4]) in der Regel 10 Pfund, ohne Rücksicht auf den Stand des Gebüssten also eben so viel, wie das Gewette, das Ssp. III, 64 §. 3 den Herzogen von Seite des „edelen Manns" beilegt [5]).

---

[1]) Vielleicht lässt sich das kleinere Gewette in den sächsisch-slavischen Grenzgegenden auf die eigenthümlichen Standesverhältnisse der dortigen Bevölkerung zurückführen. Bekanntlich gab es in der Mark Brandenburg, die doch im Ssp. vorzugsweise in Betracht kommt, keine Schöffenbarfreien. Nun stufte sich aber bei den Sachsen schon der alte Königsbann nach den Ständen ab. Wilda (Strafrecht der Germanen, S. 479) bringt ein Beispiel aus dem capit. Paderbrunn., wornach der Adelige den doppelten, der Freie den einfachen, der Lite den halben Königsbann (30 Schillinge) zu zahlen hatte. Nach der lex Ribuariorum LXV. 2, einer Stelle, welche den fränkischen Königsbann in seiner ursprünglichen Gestalt enthält, beträgt die Bannsumme der schutzpflichtigen Freien 30 Schillinge, also die Hälfte des vollen Bannes. Dass in den Volksrechten das Fredum durch die Ständeverschiedenheit bedingt war, brauche ich nicht erst zu belegen. Aus dem Mangel des Königsbannes in der Mark kann meines Erachtens das märkische Gewette nicht erklärt werden.

[2]) Berchtold a. a. O., S. 163, Note 15.

[3]) Stadtrecht von Enns § 5 bei Gaupp, die Stadtrechte d. M., II, Seite 218; Stadtrecht von Wien §. 10 a. a O. S. 240; öst. Landesrecht ältere Fassung Art. 4.

[4]) Über die Verschmelzung von Bann und Fredum, (Gewette): Wilda, Strafrecht der Germanen 460 ff.; Artikel Bann in Woiske's Rechtslexikon 601.

[5]) Der Swsp. (L. 138) führt das Gewette des Königs an und fährt dann fort: die gewette ist aller richter gewette nit, wer wettet je dem richter nach sinem recht oder nach guter gewonheit. 139: ein ieglich fürste hat nach sines landes gewonheit busze, also baut ander herren busze vnde ouch die richter nach ir gewonheit. In Süddeutschland mochte bereits früh eine grosse Mannigfaltigkeit im Gewette eingetreten sein.

2. Der Ssp. bezeichnet es ferner als eine Besonderheit der Mark, dass vor des Markgrafen dinge vint iewelk man ordel over den andern den man an sime rechte nicht bescelden ne mach (III. 65. §. 1). Dagegen kann dort, wo man unter Königsbann richtet, also ausserhalb der Mark über Schöffenbare „neman ordel vinden, dat an ir lief oder an ir ere oder an ir erve ga, noch ordel scelden, he ne si in evenburdich" (II. 12, §. 2). Mit der zuletzt citirten Stelle stimmt in auffallender Weise österreichisches Landesrecht jüng. Fassung, Art. 8: es sol auch kein man gen dem andern kain urtail geben noch kain volig [1]) tuon, er sei sein hausgenosse oder sein uebergenosse, das jm an sein leben oder an sein leben geet [2])."

Nach Art. 2 beider Relationen sollen Grafen, Freie und Dienstmannen „auf Leib, Ehre und Eigen" nur vor dem Landesherrn in offener Schranne zu Recht stehen. Während die Gerichtsverfassung der Marken des Ssp. mit dem Mangel des Standes der Schöffenbarfreien in jenen Marken zusammenhängt, hebt das österreichische Landrecht die sentmaessigen Leute an mehreren Stellen hervor. Sentmaessig, semperfrei, homo synodalis bedeutet aber so viel wie schöffenbarfrei. Als solche haben wir ohne weiters die Grafen und Freien zu betrachten, die nur nach Lehnrecht nicht nach Landrecht sich unterscheiden. Sehen wir vorläufig ab von den Dienstmannen, so ist die Gerichtsverfassung in Österreich dieselbe wie nach Ssp. II. 12. §§. 2, 3 in den Gerichten unter Königsbann. Die causae majores der Vollfreien, welche schon die Capitularien dem Grafengerichte zuweisen und über die nach dem Ssp. der Graf bei Königsbann richtet, jener homines synodales, die nach dem statutum in favorem principum nicht vor das Centgericht geladen werden dürfen, können in Österreich nur auf dem Taiding des Herzogs entschieden werden, welches in der Mark, wie wir oben gesehen, die Stelle des Grafengerichtes vertritt.

Die Gleichstellung der Dienstmannen mit den Grafen und Freien erklärt sich aus der hervorragenden Bedeutung, welche die Ministerialen in Österreich von je genossen und welche namentlich im österreichischen Landesrechte scharf betont wird. Nicht als des Her-

---

[1]) Folge die Zustimmung zum gefundenen Urtheil.
[2]) Landesrecht ältere Fassung Art. 11 verlangt Ebenbürtigkeit zum Zeugniss, Landesrecht ältere Fassung 47, jüngere Fassung 62 zur Klage auf Leib, Ehr und Eigen und zum gerichtlichen Zweikampf.

zogs, sondern als des Reiches Dienstmannen werden sie hingestellt, die dem Herzoge vom Reiche zu Lehen sind [1]. Da Landesrecht ält. Fassung, Art. 35 nur dem sentmässigen Manne und dem ritterbürtigen Bürger die Lehnsfähigkeit zuspricht, die Dienstmannen aber nach beiden Relationen als lehnsfähig erscheinen, so sind wir gezwungen die Dienstmannen als sentmässig zu betrachten, was um so eher angeht, als ja überhaupt Schöffenbarkeit und Ministerialität sich im 13. Jahrhunderte nicht mehr gegenseitig ausschliessen [2]).

Die Gerichtsverfassung des österreichischen Landesrechtes steht somit in Bezug auf gerichtliche Ebenbürtigkeit im Gegensatze zu jener der Mark des Ssp., während sie im Principe jener der Reichsgrafschaften entspricht. Meines Erachtens lässt sich aber mit grösserer Sicherheit von den Bestimmungen des österreichischen Landesrechtes als von jenen des Sachsenspiegels auf die früheren Verhältnisse der Ostmark zurückschliessen.

3. Nach Ssp. II. 12. §. 6 gibt es in der Mark keinen Königsbann, ein Satz, auf welchen man die Eigenthümlichkeiten der märkischen Gerichtsverfassung zurückzuführen versuchte [3]) und dem der Ssp. selbst eine principielle Bedeutung gibt, indem er die Gerichtsinstitutionen in der Mark jenen der Gerichte unter Königsbann consequent gegenüber stellt. Schon aus dem Gegensatze würde folgen, dass nach der Auffassung des Spieglers der Markgraf bei ei genem Banne, bei eigener Gewalt dingt. Übrigens drückt er jenen Gedanken auch

---

[1]) Dieselbe Auffassung findet sich bei Helbling VIII, 34, 142 ff., 154. Haupt, Zeitschrift für deutsches Alterthum 4. Band.
Nach Ssp. III. 19 finden die Reichsdienstmannen vor dem Reiche Urtheil auch über die Schöffenbareu, aber freilich nur in causae minores. Dagegen bestimmt Landesrecht jüngerer Fassung Art. 47: wir setzen und gepieten, das die dienstman des landes wol urtail und volgen mogen getun umb alles das a i g e n, das in diesem land ist.
[2]) Ficker, Heerschild S. 169.
[3]) Zu weit geht Schulte a. a. O., wenn er es als natürliche Folge des Nichtvorhandenseins des Königsbannes erklärt, dass die Gliederung der Gerichte nach den Ständen, die Berufung an den König in der Weise, wie in anderen Territorien nicht stattfand und die Verleihung des Richteramtes nur vom Markgrafen ausgig. Die Eigenthümlichkeit des märkischen Rechtszuges verdiente nicht besonders angeführt zu werden. Mit dem Mangel des Königsbannes hängt sie entschieden nicht zusammen. Da es in der Mark keine Schöffenbarfreien gab, konnte auch kein Schöffenbarfreier als Bote zum König gesandt werden, um die Entscheidung zu vernehmen. In der Mark konnte jeder unbescholtene Mann Bote sein, sonst musste ein Schöffenbarer geschickt werden. Vergl. Ssp. III. 65. §. 1, III. 70. §. 1.

in positiver Fassung aus durch den Ausspruch: der Markgraf dingt „bi sines selues hulden" [1]).

Dies die Auffassung des Spieglers. Allein eine andere Frage ist es, ob wir in jenen Sätzen ein juristisches Princip zu suchen haben, das der märkischen Gerichtsverfassung und der staatsrechtlichen Stellung des Markgrafen zu Grunde liegt, oder ob sie als der allgemein gefasste Ausdruck, als die bildliche Einkleidung der einzelnen Besonderheiten der sächsischen Marken zu erklären sind [2]).

---

[1]) Da nach Ssp. III. 64. §. 4 die Grafen unter Königsbann dingen, nach III. 64. §. 7 aber der Markgraf bei eigenen Hulden richtet, so muss dem Spiegler der letztere Satz so viel bedeuten, als: der Markgraf dingt nicht bei Königsbann, also bei eigener Gewalt. Es geht dies ausserdem hervor aus der Vergleichung von III. 65. §. 1. „die marcgreue d i n g e t b i s i n e s s e l u e s h u l d e n ... dar vint iewelk man ordel over den andern, den man an sime rechte nicht bescheiden ne mach" mit III. 70. §. 1. „swar man n i c h t n e d i n g e t u n d e r k o n i g e s b a n n e, dar mut iewelk man ordel vinden over den anderen den man nicht rechtlos bescelden ne mach". Die Glosse führt zu III. 65. §. 1 „einem Artikel, den viel weise Leute ungleich verstanden und mancherlei Weise gedeutet haben", vier Auslegungsarten an.

1. Der Markgraf dingt bei der Hulde, die ihm geleistet wird (von Schöffen und Richtern), eine Ansicht, die Gaupp acceptirt. (Stadtrechte d. M. II. S. 208 ff.)

2. Der Markgraf dingt bei der Hulde, die er dem Könige geleistet hat (wäre nichts Eigenthümliches).

3. Der Markgraf dingt bei eigener Gewalt (gewissermassen bei der Hulde, die er sich selbst geleistet hat, so dass der ganze Ausdruck ein bildlicher wäre) Homeyer Syst. d. Lehnr. S. 540: „Die markgräfliche Gerichtsgewalt ist dem Ssp. gar nicht eine vom Könige stammende, der Markgraf richtet aus eigener Gewalt", ausserdem Stobbe Gerichtsverfassung des Ssp. Zeitschr. f. deutsches Recht Bd. XV.

4. Des Markgrafen Richter dingen bei des Markgrafen Hulden, d. i. bei der Hulde, welche der Markgraf dem Könige leistet. Dies die Auffassung der Glosse. So gut sich die Stelle des Ssp. damit erklären lässt, so wunderlich ist die Argumentation der Glosse, welche diesen Gedanken dem Spiegler selbst unterschiebt und sich über das sprachliche Bedenken, dass dem Markgrafen dessen Richter supplirt werden, durch Berufung auf das römische Recht hinweghilft, denn „quae quis per alium fecerit ipse fecisse videtur."

[2]) Es wäre von Interesse, dem Satze des Spieglers gerade in Bezug auf die Mark Brandenburg nachzugehen. Nach einer Urkunde bei Gercken Codex dipl. Brandenburg. II. 346 (in Raumer's Regesta hist. Brand. N. 1223) hat Markgraf Adalbert der Kirche von Goslar 1155 (als Vogt und Graf) ein Besitzthum bei Königsbann bestätigt. „banno regio in placito provinciali confirmo". 1188 verspricht Markgraf Otto allen Vergabungen an die Kirche von Stendal de mansis ad suam („nostram") iurisdictionem pertinentibus „marchionum auctoritatem quam ab imperatoribus Frederico et Heinrico regibus quoque Conrado et Henrico filio imperatoris Frederici accepimus" zu gewähren (praestare). Die „marchionum auctoritas" wird also von königlicher Verleihung hergeleitet. Raumer 1552. Lenz Markgräfl. Brandenburg'sche Urkunden I. 5.

Um zu entscheiden, was da Grund, was Folge sei, müsste man in die Geschichte des Begriffes Königsbann, namentlich aber auf die Umbildungen eingehen, die er im 13. Jahrhunderte bereits erfahren haben mochte. Diesen Punct zu erörtern, würde mich zuweit über meinen Gegenstand hinausführen, ich will mich daher darauf beschränken, festzustellen, was einerseits zum mindesten aus jener Stelle gefolgert werden kann, welche naheliegende Consequenzen anderseits abzuweisen sind.

Die Natur des Königsbannes äussert sich nicht blos in der Höhe des Gewettes. Es findet sich im Gegentheile in der späteren Zeit ein Dingen zu eigenen Hulden bei der Höhe des Königsbannes. Nach Swsp. (L. 141) dingen der Markgraf und der Landgraf bei eigenen Hulden, auch wenn sie kein Fürstenamt haben [1]). Dem Landgrafen wettete man aber nach Ssp. III. 64. §. 6 sechzig Schillinge.

Das charakteristische Merkmal des Gedinges bei eigenen Hulden muss daher im Gegensatze zu einer andern Äusserung des Königsbannes liegen. Wie bereits oben erwähnt wurde, sollte jeder höhere Richter die Gerichtsgewalt unmittelbar vom Könige empfangen. Von praktischer Bedeutung war diese Vorschrift nur für die in dritter Hand befindlichen Gerichtslehen. Nur bezüglich der von den Reichsfürsten belehnten Richter konnte eine Veranlassung vorliegen, das Erforderniss der Bannleihe festzustellen. Die Fürsten selbst leisteten ja ohnehin bei Gelegenheit der Belehnung die Hulde mit Mannschaft und erhielten mit dem Fürstenamte zugleich die demselben entsprechende richterliche Gewalt. Der Bann war in der Belehnung, die richterliche Hulde in der Lehnshulde inbegriffen.

Auch der Markgraf empfing auf diese Weise Gericht und Gerichtsgewalt vom König. Der Unterschied zwischen ihm und den übrigen Fürsten trat erst bei der weiteren Übertragung der Gerichtsbarkeit hervor. Der vom Markgrafen eingesetzte höhere Richter hatte die Gerichtsgewalt nicht erst vom Könige einzuholen, sondern empfing vom Markgrafen mit dem Amte zugleich auch den Bann. Während durch das Erforderniss der Bannleihe die abgeleitete Gerichtsgewalt der Fürsten so augenfällig als möglich zur Erscheinung kam, musste im Gegensatze dazu die markgräfliche Gerichts-

---

[1]) Der Schwabenspiegel betrachtet also das Gedinge zu eigenen Hulden als Ausfluss des Fürstenamtes.

barkeit als eine selbstständigere angesehen werden, so dass der Gedanke nicht ferne lag, der Markgraf leite dieselbe überhaupt nicht vom Könige ab, sondern dinge zu eigenen Hulden, aus eigener Machtvollkommenheit [1]).

Nimmt man den Satz des Ssp. ohne allen Vorbehalt hin, so müsste man um der Consequenz willen annehmen, dass der Markgraf die Gerichtsgewalt überhaupt nicht vom Könige lieh, sondern in dieser Beziehung von vorneherein selbstständig war.

In der Mark gibt es keinen Königsbann würde hiernach geradezu bedeuten: in der Mark gibt es keine königliche Gerichtsgewalt. Gegen den Gedanken, als dinge der Markgraf bei eigener Gewalt, verwahrt sich selbst die Glosse zum Ssp., denn weder der Markgraf noch sonst ein Richter vermöge zu richten ausser von Reichs wegen. Vollends ungerechtfertigt wäre es, den Ausspruch des Ssp. ohne Rücksicht auf zeitliche und territoriale Unterschiede auch für die älteste Gerichtsverfassung sämmtlicher Marken als staatsrechtliches Princip hinzustellen und sich den Markgrafen von Anfang an als selbstständigen Gerichtsherrn zu denken. Wenn schon der erste Markgraf bei eigener Gewalt richtete, so fehlte ihm wenig mehr zum Landesherrn und kann von einer Entwickelung der Landeshoheit in den Marken keine Rede sein, da sie ja von vorneherein vorhanden war.

Österreich hat in Entwickelung der Landeshoheit alle deutschen Reichslande überflügelt oder doch mit jedem gleichen Schritt gehalten. Und dennoch spricht eine Reihe von Gründen dagegen, die Gerichtsgewalt der Babenberger etwa als eine nicht vom Reiche abgeleitete zu betrachten.

---

[1]) Dass in der Mark kein Königsbann eingeholt wurde, dürfte sich vielleicht aus der oben entwickelten Gerichtsorganisation der Mark erklären lassen. Ursprünglich übte der Markgraf die höhere Gerichtsbarkeit selbst aus, es war also überhaupt kein Anlass zur Bannleihe vorhanden; später liess er sich durch Beamte vertreten, die aber durchaus nicht in jenem Verhältnisse zu ihm standen, wie etwa Graf oder Vogt zu den übrigen Reichsfürsten. Das Geding des Landrichters, der da sass an des Herzogs statt, wurde als das Geding des Herzogs selbst betrachtet. Dagegen kann das Gericht des Grafen nicht etwa das Gericht des Fürsten genannt werden, von dem er die Grafschaft zu Lehen hat. Seinen stellvertretenden Richtern verlieh der Markgraf selbst die Gerichtsgewalt, die er seinerseits vom Könige empfangen. Insoferne gab es auch in Österreich keinen Königsbann. Vergleiche das Verhältniss zwischen Graf und Schultheiss, soferne dieser jenen zu vertreten hatte. Stobbe die Gerichtsverf. des Ssp. in der Zeitschr. für deutsches Recht. XV, p. 100.

Vor Allem verwickeln jene sich in einen unlösbaren Widerspruch, die wie Berchtold die Abhängigkeit der Ostmark von Baiern zugeben¹) und zugleich auf den eigenen Bann des Markgrafen so besonderes Gewicht legen. Demnach hätte der Herzog von Baiern bei geliehenem Banne, der von ihm abhängige Markgraf als selbstständiger Gerichtsherr bei eigenem Banne gedungen.

Wie vereint sich ferner die Selbstständigkeit der Gerichtsgewalt mit der Lehnrührigkeit des Gerichtes? Während ein allodialer Gerichtsinhaber oder ein nicht unmittelbar vom König belehnter Richter die Gerichtsgewalt vom Könige leihen mussten, sollte bei einem unmittelbaren Lehnsträger gerade das Gegentheil eingetreten sein! Sonst selbstständiges Recht und abgeleitete Gewalt, hier abgeleitetes Recht und selbstständige Gewalt. Ein sonderbares ὕστερον πρώτερον.

Dass in den österreichischen Marken die Gerichtsbarkeit vom Könige abgeleitet wurde, erhellt aus einer Urkunde K. Friedrich's II. für Lilienfeld, in welcher der Kaiser eine Exemtion des Herzogs bestätigt ²). „Si quae sunt, quae forte ad nostram spectant iurisdictionem, quae tamen praefatus princeps donatione nostra et imperii tenuit ac tenet speciali videlicet iudicium quod dicitur lantgeribte et compositiones et banos et marhfutter et fodinas ³) . . . , Denselben Gedanken spricht eine Urkunde von 1189 aus, in welcher K. Friedrich I., die österreichischen Besitzungen Freisings eximirt,

---

¹) a. a. O. S. 12.
²) Meiller Reg. der Babenberger S. 121, Nr. 147.
³) Berchtold führt diese Urkunde an zum Beweis der obersten von Kaiser und Reich erworbenen Gerichtsgewalt des Herzogs (Landeshoheit S. 170) ohne auf das daraus resultirende Verhältniss zwischen König und Herzog näher einzugehen. Siegel (a. a. O. S. 115) folgert daraus die Lehnrührigkeit der herzoglichen Gerichtsbarkeit. Befremden könnte nach letzterer Auffassung allenfalls der Ausdruck: „speciali donatione". Doch wird „donatio" auch sonst noch um diese Zeit von Belehnungen gebraucht. Die constitutio pacis von 1156 spricht von dem donum investiturae, welches der Lehensherr als Gewährsmann seines Vasallen anerkennt. 1180 wird dem Erzbischof von Köln das Herzogthum Westphalen legitimo donationis titulo übertragen und derselbe vexillo imperiali damit beliehen (investivimus). Es ist also nicht sowohl auf das donatione, als auf das speciali der Ton zu legen. Und dies weist allerdings darauf hin, dass dem Rechte des Königs über die Gerichtsbarkeit in den Herzogthümern ein ausserordentliches Recht des Herzogs gegenüberstand, mit welchem wir uns weiter unten beschäftigen werden.

nachdem Herzog Leopold und dessen Sohn resignassent justiciam, quam per dominicalia frisingensis episcopi quondam [1]) ab imperio possederunt in Austria i. e. marhrecht et lantgerihte et burwerch, quae specialiter ad usus eorum respiciebant [2]). Stammte die Gerichtsbarkeit des österreichischen Landesherrn nicht vom Reiche, so muss sie consequent als eine „oberste Gerichtsbarkeit" betrachtet werden, eine Bezeichung, deren Berchtold sich zur Charakterisirung der durch das Privilegium minus geschaffenen Stellung der Babenberger bedient, die aber, soll sie keine Phrase sein, zum mindesten juristisch ungenau ist. Denn mit jener „obersten Gerichtsbarkeit" lässt sich schlechterdings nicht in Einklang bringen, wie denn überhaupt ein Rechtszug aus der Mark an das Reich stattfinden konnte. Und doch wird nach Ssp. II. 12 §§. 4, 6 ein gescholtenes Urtheil des Markgrafen an den König gezogen. Für die Steiermark wird der Rechtszug an das Reich ausdrücklich vorbehalten in dem Vertrage, welchen Leopold V. und der letzte Ottokar 1186 17. Aug. über den Anfall der Steiermark abgeschlossen und worin unter anderm bestimmt wird : claustrales, ministeriales comprovinciales.... appellandi et adeundi imperatoris curiam... irrefragabilem habeant licentiam [3]). Was die Ostmark betrifft, so sagt Landesrecht, Art. 2¦: „wil aber im (einem Grafen, Freien oder Dienstmann) des landes herre vnrecht tun, so sol er mit recht dingen an das reich und davon sein recht pringen als im ertailt wird". Über den bei handhafter That ergriffenen Dienstmann soll nach Art. 3 der Landesherr richten mit dem Tode „entrinnt er im, er sol in in die acht tun vnd nach der acht so sol er in bechlagen vor dem reiche und sol man vor dem reiche urtail ueber in tun als im erteilt wirt vnd sol im sein ere und sein recht nyeman benemen nur das reich". Die Gerichtsgewalt des Landesherrn war somit nach oben hin keine abgeschlossene, von einer „obersten Gerichtsbarkeit" kann also keine Rede sein. Der Herzog durfte den Dienstmann nur verfesten, jedoch nicht die Aberacht über ihn aussprechen. Es ist bezeichnend, dass dieses Recht für bestimmte Fälle nach dem bekannten Entwurfe der Erhebung Öster-

---

[1]) Das „quondam" erklärt sich aus der von Herzog Heinrich 1164 der freising'schen Kirche verliehenen Immunität.
[2]) Meiller 66, 43.
[3]) I k. Buch des Landes ob der Enns (U. o. E.) II. 400.

reichs zum Königreiche ¹) dem eventuellen Könige ertheilt werden sollte. „Illud etiam iuri regio et honori conjungimus ut, si aliquis comes nobilis et ministerialis vel miles de regno tuo contra te et successores tuos et terram tuam forsan excess erit et pro suo excessu castrum vel munitiones suas ab excedente per te vel nuntios tuos peti contigerit ipsumque negaverit assignare, ipsum *ex iure regiæ dignitatis* per sententiam curiæ tuæ bampnire et foriudicare valeas ipsumque exlegem facere omnis iuris suffragio prout moris imperii cariturum ²).

Fassen wir das Resultat der Parallele zwischen der Mark des Sachsenspiegels und den österreichischen Marken zusammen, so ergaben sich uns die dort angeführten Eigenthümlichkeiten der märkischen Gerichtsverfassung als Specialitäten der sächsischen Marken ³), den Umstand ausgenommen, dass des Markgrafen Richter nicht den Königsbann einzuholen haben.

Die Anwendbarkeit der die Mark betreffenden Stellen des Sachsenspiegels folgert Schulte „direct" aus folgender Bestimmung des privilegium minus: „statuimus quoque ut nulla magna vel parva persona in eiusdem ducatus regimine sine ducis consensu vel permissione aliquam iusticiam presumat exercere". Berchtold hat den von Schulte angedeuteten Gedanken des weiteren ausgeführt, zum Theil wesentlich modificirt. Nach ihm wurde durch das Privilegium minus der Herzog Inhaber des Königsbannes, das heisst der obersten Gerichtsbarkeit für den ganzen Umfang des Herzogthums. „Alle herzoglichen Richter, alle allodialen und feudalen Besitzer von Gerichtsbezirken und deren Beamte sollten den Bann nicht mehr vom Könige, sondern nur mehr vom Herzog empfangen". „Jeder Richter im Lande musste den Gerichtsbann, modern ausgedrückt, die Autorisation zur Ausübung der Gerichtsgewalt, sich vom Herzoge erbitten."

Berchtold stellt diese Ansicht wohl nur als Hypothese hin; einen zwingenden Beweis für dieselbe zu führen, hat er gar nicht

---

¹) Würdtwein nova subsidia diplom. XII, 24 25. M. 181, 148.
²) Vergleiche das privilegium de non appellando der Krone Böhmens, deren Stellung bei diesem Entwurfe zum Vorbild gedient haben mag.
³) Der Ssp. hat offenbar bei Darstellung der Markverhältnisse nur die sächsischen Marken im Auge. Nach III. 70. §. 1. vergl. mit III. 65. §. 1, können Wenden und Sachsen nicht gegenseitig über sich Urtheil finden, gewiss keine Bestimmung, „die auf jede Mark passt." (Schulte a. a. O.)

versucht ¹). So blendend sie als solche auch sein mag, so scheint sie mir denn doch einer näheren Untersuchung gegenüber nicht Stich zu halten. Vor Allem sagt Berchtold zu viel, wenn er behauptet, dass zu Folge der Erwerbung des Königsbannes jeder Richter vom Herzoge den Bann leihen musste. Der Königsbann wurde nur für die höhere Gerichtsbarkeit geliehen. Wenn wir aber Berchtold corrigiren und annehmen, dass nur jeder höhere Richter den Bann des Herzogs einholen sollte, so kommen wir in Widerspruch mit dem Wortlaute des Minus, welches diesen Unterschied nicht macht, sondern schlechtweg von nulla magna vel parva persona spricht. Somit können die Worte „sine ducis consensu vel permissione" nicht auf die Ertheilung des Bannes bezogen werden, ohne der ganzen Stelle Gewalt anzuthun.

Die Consequenzen, zu welchen die Berchtold'sche Ansicht führt, verrücken die naturgemässe Stellung, welche sonst um diese Zeit der König zu den Reichsfürsten einnimmt. Wenn die Scheidung von Gerichts- und Bannleihe überhaupt eintrat, so war es das regelmässige Verhältniss, dass der geistliche oder weltliche Fürst das Gericht, der König den Bann lieh. In Österreich wäre nach Berchtold der umgekehrte Fall möglich, dass der König das Gericht, der Herzog den Bann lieh, eine Abnormität, die nur durch ein totales Aufgeben der königlichen Gerichtsgewalt und eine völlige Lostrennung des Herzogthums vom Reiche zu erklären wäre.

---

¹) S. 166, Note 17 beruft sich Berchtold auf Leopold's VI. Urkunde für St. Lambrecht von 1202 M. 89, 36, in welcher dieser Kirche das Landgericht mit Ausnahme des Blutbannes übertragen wird. Die Stelle, auf die es ankommt, lautet: illud quoque superaddimus, si in supradicto praedio vel in omnibus novalibus in Keinah et per totam marchiam sitis aliquis ex hominibus nostris ab hominibus ipsorum vulneretur, satisfiat laeso; ius vero banni apud ipsos totaliter permaneat. Die Worte „ius vero banni . . . permaneat" sind Berchtold ein deutlicher Beweis, dass der Herzog die Verleihung des Bannes in Händen hatte. Bannus bedeutet aber hier nicht die Gerichtsgewalt, sondern den Wandel, der dem Richter zufällt, im Gegensatz zur satisfactio, die dem Verletzten, respective dessen Herren zu Theil wird. (Gewette im Gegensatz zur Busse im Sinne des Ssp.) Es ergibt sich dies aus dem Zusammenhange, namentlich aus dem „totaliter," welches den naheliegenden Gedanken einer Theilung der Bannsumme ausschliessen soll. Vergl. Leopold II. für Garsten v. 1209 Meiller 103, 83 „bannos pugnarum . . . abbas solus recipiat" Leopold VI. für Florian 1209. M. 103, 82 „bannos pugnarum . . . officiales ecclesiae exequantur."

Obwohl Berchtold bei Auslegung unserer Stelle von der wörtlichen Übersetzung derselben ausgeht, entfernt er sich dennoch unbewusst immer mehr und mehr von seinem ursprünglichen Ausgangspuncte. Vor Allem müsste es auffallen, dass das dem Herzog verliehene Recht, der Bannleihe, welche ja doch, wie Berchtold nach Ssp. III. 65. §. 1 annimmt, in der Mark längst eine scharfe juristische Bedeutung erlangt hatte, in der Urkunde nicht präciser ausgedrückt wurde. Wenn sonst die Reichskanzlei den in Frage kommenden Gedanken durch den Ausdruck bannum (de manu regia) accipere [1]) bezeichnete, lässt sich schlechterdings nicht einsehen, warum sie nicht auch im priv. minus sagte: nulla .. persona... presumat, nisi bannum de manu ducis acceperit. Unser Satz spricht dagegen von permissio und consensus. „So wenig aber der deutsche König den Bann verweigern konnte, wem ein Gerichtsbezirk zuständig war" ebensowenig konnte er den Herzog von dieser Beschränkung entbinden [2]). Hiemit gelangen wir zum geraden Gegentheil dessen, was das Minus sagt. Der Herzog muss jenem den Bann leihen, dem das Gericht geliehen ist. Wo bleibt da die permissio? wo der Consensus?

Noch künstlicher gestaltet sich Berchtold's Auslegung durch eine Argumentation, zu welcher er sich durch Ssp. III. 65. §. 1 gezwungen sieht. Mit Schulte nimmt er an, dass bereits der Markgraf von Österreich bei eigenem Banne gedungen habe, jedoch nur zu 30 Schillingen. Demnach hätte die Bestimmung des Minus durchaus keinen Werth gehabt, wenn dem neuen Herzog nicht eine grössere Gerichtsbarkeit verliehen worden wäre, als er schon bis dahin in seiner Eigenschaft als Markgraf besessen. Um denn nun seine Hypothese von der Bannleihe aufrecht zu erhalten, gelangt Berchtold zu der Behauptung, durch das Minus sei dem Herzoge das Recht verliehen worden, nicht mehr wie bisher zu 30, sondern bei Königsbann, d. h. zu 60 Schillingen in eigenem Namen zu dingen [3]). Somit hätten die Worte „nulla .: persona sine ducis consensu vel permissione ... iustitiam presumat exercere" strenge genommen die

---

[1]) Reichssentenz Konrad's III. 1149, 21. VIII, Pertz. Legg. II, 564.
[2]) Berchtold a. a. O. S. 164. Note 16 „nach der bekannten Rechtsregel: nemo plus iuris in alium transferre potest quam ipse habuit."
[3]) Berchtold S. 163, Note 15.

Bedeutung: der Herzog soll nicht mehr wie bisher zu 30, sondern zu 60 Schillingen dingen. Dass man, um diesen concreten Gedanken auszudrücken, die vieldeutige und abstracte Form unseres Satzes gewählt hätte, dünkt mich bei dem Urkundenstyle des Mittelalters, so ungenau er oft ist, in hohem Grade unwahrscheinlich.

Übrigens rechtfertigten sich auf keinen Fall die Folgerungen, welche Berchtold aus der Erhöhung des Bannes von 30 auf 60 Schillinge zieht; beim Lichte besehen, schrumpft nach dieser Auslegung die Bedeutung des Privilegiums in Bezug auf die Gerichtsbarkeit auf ein Minimum zusammen. Wenn, wie Berchtold annimmt, schon der Markgraf bei eigenem Banne dingte, so waren die Babenberger bereits vor 1156 Inhaber der „obersten Gerichtsgewalt" innerhalb ihres Landes und da folgerichtig die markgräflichen Richter den Bann aus der Hand des Markgrafen empfingen, so konnte die Neuerung des Minus unmöglich darin bestehen, dass die herzoglichen Richter den Bann nicht mehr vom Könige, sondern vom Herzoge einholen sollten.

In einer Urkunde von 1168, welche Ficker [1]) zur Vertheidigung der Echtheit des Minus gegen Lorenz in's Treffen führte (sie betrifft die Erneuerung der Rechte des Bischofs von Würzburg als Herzogs von Ostfranken) findet sich ein Passus, von dem Ficker mit Recht behauptet, dass er im Wesentlichen dasselbe sage, wie der oft erwähnte Satz des österreichischen Privilegs. „Ne aliqua ecclesiastica secularisve persona per totum Wirzburgensem episcopatum et ducatum et comitias infra terminum episcopatus et ducatus sitas iudiciariam potestatem de predis vel incendiis aut de allodiis vel beneficiis sive hominibus deinceps exerceat nisi solus episcopus et d u x v e l c u i c o m m i s e r i t [2]). Wenden wir auf diese Stelle die Berchtold'sche Interpretation an, so zwingt sie uns zu einer Folgerung, die mit kanonischen- und Reichsgrundsätzen in offenbarem Widerspruche steht. Wie 1156 dem Herzoge von Österreich wäre 1168 dem Bischofe von Würzburg, und zwar diesem ausdrücklich in den Fällen der höheren Gerichtsbarkeit, das Recht der ausschliesslichen Bannleihe gewährt worden. Allein gerade die geistlichen Fürsten dürfen den Blutbann nicht verleihen, den sie nach kanonischem Rechte nicht selbst ausüben können. Noch ein Jahrhundert später — sowohl Ssp.

---

[1]) Ficker: Über die Echtheit des kleinen österr. Freiheitsbriefes. Sitz.-Ber. XXIII. 513.
[2]) Monumenta Boica. XXIX^a. 387.

als Dsp. und Swsp. verlangen es — ist von den geistlichen Fürsten allgemein anerkannt, dass der von ihnen eingesetzte höhere Richter vom Könige den Bann einzuholen habe.

Aus den angegebenen Gründen muss ich mich gegen Berchtold's Auslegung erklären, auf die Gefahr hin, keine bessere an deren Stelle setzen zu können. Die wörtliche Übersetzung: Niemand darf ohne Zustimmung und Erlaubniss des Herzogs Gerichtsbarkeit ausüben, lautet zu allgemein, als dass man dabei stehen bleiben könnte. Je extensiver man das Recht des Herzogs fasst, desto mehr schwächt sich dessen Inhalt ab. Je intensiver man sich das Recht denkt, desto mehr ist der Umfang desselben einzuschränken. Ich glaube, dass in letzterer Richtung vorzugehen sei. Die königliche Verleihung konnte dem Herzoge kein Recht gewähren bis in jene Kreise hinab, auf welche sich die öffentliche Gerichtsbarkeit überhaupt nicht mehr erstreckte, die Kreise des Hofrechtes, der grundherrlichen Gerichtsbarkeit. Eben so wenig konnte durch das Minus der Bestand der vor 1156 verliehenen Immunitäten berührt werden, insoferne diese neben der grundherrlichen auch öffentliche Gerichtsbarkeit involvirten. Der König konnte ja kein Recht verleihen mit Beeinträchtigung fremder wohlerworbener Rechte. Ein Verzicht der dadurch geschmälerten Gewalten ist nicht bekannt, eben so wenig wie ein Widerstreben, wie es unmittelbar nach einer solchen Neuerung sicher nicht ausgeblieben wäre. Dagegen steht nichts im Wege, die Stelle auf die Entstehung neuer, auf die Ausdehnung bestehender Immunitäten zu beziehen, durch welche die öffentliche Gerichtsbarkeit des Herzogs verkürzt worden wäre.

Diese praktische Consequenz können wir festhalten, auch wenn wir der Stelle zunächst eine allgemeine, mehr theoretische Bedeutung beilegen. Eine stricte, unbeschränkte Anwendung verträgt sie nicht und es wäre meines Erachtens vergebliche Mühe die Formel zu suchen, die sie nach allen Richtungen hin als eine ausnahmslose Neuerung erscheinen liesse. Suchen wir dem Satze eine positive Fassung zu geben, so kommen wir dem wörtlichen Sinne am nächsten, wenn wir commentiren: die Gerichtsbarkeit steht nur dem Herzoge zu oder jenem, dem er sie gestattet. Welches mochte die Veranlassung sein eine derartige Bestimmung in das Privilegium aufzunehmen?

Bereits um die Mitte des 12. Jahrhunderts war der Zusammenhang zwischen den alten Reichsämtern und der ihnen entsprechenden

Gerichtsbarkeit stark gelockert. Zahlreiche Exemtionen von Seite des Königs, Loslösung ganzer Grafschaften aus dem Verbande der Herzogthümer, ganzer Centschaften aus dem Verbande der Grafschaften hatten die alten Gerichtssprengel arg zerstückelt. Es ist bekannt, dass der Ausbildung der Landeshoheit die sogenannte Gauzertrümmerung vorausging. Das Richteramt als solches hatte keinen Schutz gewährt gegen die eingreifendsten Schmälerungen der Amtsbefugnisse. Die Gewalt des öffentlichen Beamten hatte einen fast subsidiären Charakter angenommen und die Gerichtsbarkeit wurde als Gegenstand besonderer Verleihung aufgefasst. So darf uns denn nicht Wunder nehmen, dass bei Schöpfung eines neuen Herzogthumes dem Herzoge die Gerichtsbarkeit ausdrücklich zugesichert wurde, als ein mit dem Herzogthume untheilbar verbundenes Recht. Der Rechtstitel, auf Grund dessen er sie von nun an ausüben sollte, war dadurch ein stärkerer geworden. Nicht blos kraft seines Amtes, das als solches keine Bürgschaft bot gegen das Aufkommen exterritorialer Gewalten, sondern kraft besonderer Verleihung „ex donatione speciali" handhabte der Herzog die Gerichtsbarkeit „quae specialiter ad eius usum pertinet." Das frühere Richteramt wurde dadurch rechtlich als ein Lehen im strengen Sinne des Wortes anerkannt. War somit die Bestimmung des Minus der Hauptsache nach eine Erneuerung und Bekräftigung der markgräflichen resp. herzoglichen Gerichtsgewalt, so hatte sie doch in dem bereits oben angedeuteten Sinne praktische Bedeutung.

Die öffentliche Gerichtsgewalt des Reichsbeamten hatte von zwei Seiten her Einbusse zu befürchten, von unten durch die Bestrebungen der Grund- und Immunitätsherrn, die ihre Rechte factisch auszudehnen suchten, von oben her durch gesetzliche Exemtionen von Seite des Königs. Nur auf dies letzere Verhältniss ist hier näher einzugehen. Die Stellung des Herzogs zum Könige erlitt nämlich durch das Minus insoferne eine wesentliche Änderung, als jener gegen jede fernere Exemtion des Königs geschützt wurde. Da in den Marken eine straffe Amtsgewalt aus politischen Rücksichten geboten war, so hatten die Könige daselbst von ihrem Exemtionsrechte von je äusserst rücksichtsvollen Gebrauch gemacht. Dass aber dennoch Exemtionen vorkamen, werde ich in der Folge zeigen. Durch das Minus wurde der politische Grundsatz zum Rechtssatz erhoben. Von nun an konnte der König innerhalb des Herzogthumes keine Immunität mehr verleihen, ohne sich der Zustimmung des Herzogs zu versichern. Um die Bedeutung dieser Bestimmung zu ermessen, braucht man nur auf der Karte des 13. Jahrhunderts die babenbergischen Lande mit dem benachbarten Baiern zu vergleichen. In Österreich keine reichsunmittelbare Kirche, keine reichsunmittelbare Stadt, während der Gerichtssprengel des bairischen Herzogs mit Reichsbisthümern, Reichsabteien und Reichsstädten wie besäet ist.

Wenn nun die Bestimmung des Minus das einseitige Exemtionsrecht des Königs ausschliesst, so lässt sich doch daraus nicht umgekehrt folgen, dass der Herzog über sein Gerichtslehen unumschränkt verfügen und von seiner Gerichtsbarkeit selbstständig eximiren konnte. Berchtold widerspricht sich selbst, wenn er auf Grund seiner Auslegung behauptet: „da der Herzog nach dem Minus allein das Recht hatte den Gerichtsbann in seinem Lande zu verleihen, so versteht es sich von selbst, dass er der oberste Richter des Landes war, seine Gerichtsgewalt im (?) Zweifel beliebig weiter leihen und von derselben ganz nach Gutdünken Befreiungen, Exemtionen im grösseren und geringeren Masse gewähren konnte."

Gesetzt aber nicht zugegeben, dass der Herzog das ausschliessliche Recht der Bannleihe hatte, so folgt doch daraus nicht das unbedingte Exemtionsrecht desselben. Gerade wenn man sich auf den Boden der Berchtold'schen Ansicht stellt, muss man zugeben, dass Selbstständigkeit der Gerichtsgewalt und Lehnrührigkeit des Gerichtes nebeneinander bestehen konnten. Da aber die Gerichtsbarkeit des Herzogs vom Reiche lehnrührig war, durfte er ohne Einwilligung des Lehnsherrn weder eine wie immer geartete Verausserung noch eine den Grundsätzen des Gerichtslehens widersprechende Verafterleihung derselben vornehmen. Die Bannleihe steht in keiner unmittelbaren Beziehung zur Exemtion. Sie käme erst dann in Betracht, wenn es sich handelte dem vom neuen Immunitätsherrn eingesetzten Richter die Gerichtsgewalt zu ertheilen. Dagegen greift die Exemtion die Substanz des Lehens direct an, und setzt eine weitgehende Befugniss über dasselbe voraus, die aus der nur negativ gehaltenen Stelle des Privilegiums nicht herausgelesen werden kann.

Die hiemit abgeschlossenen Erörterungen über die Gerichtshoheit der Babenberger im allgemeinen, haben die Frage nach dem gerichtlichen Exemtionsrechte nicht gelöst. Doch dient uns das gewonnene Resultat, so bescheiden es ist, zum Anhaltspuncte für den weiteren Gang der Untersuchung, indem es eine locale und eine zeitliche Scheidung des Urkundenmaterials nöthig erscheinen lässt. Eine locale, denn die Marken haben eine eigenthümliche Gerichtsverfassung und die Babenberger besitzen in späterer Zeit Gebietstheile ohne Markverfassung. Eine zeitliche, denn das Privilegium von 1156, war jedenfalls von Einfluss auf die Entwickelung des herzoglichen Exemtionsrechtes, mag dieser Einfluss nun ein directer oder indirecter gewesen sein.

Die verhältnissmässig grosse Anzahl von Immunitätsbriefen, welche österreichischen Kirchen oder auswärtigen Stiftungen für österreichisches Stiftsgut verliehen worden, bietet der Untersuchung eine zwar breite aber ziemlich unsichere Basis. In vielen Fällen ist es nämlich schwierig zu unterscheiden, ob es sich um eine Exemtion von der öffentlichen Gerichtsbarkeit, also vom Landgerichte oder von der Vogteigerichtsbarkeit handelt. Um diesen Gegensatz klar zu machen, ist ein rascher Überblick über die Entwickelung der Vogtei nöthig.

Die Vogtei wuchs aus dem deutschrechtlichen Grundsatze heraus, dass der Pfaffe nicht wehrhaft sei. Er bedurfte eines Vormundes, der ihn nöthigenfalls mit den Waffen in der Hand zu schützen, und, da ja die altdeutsche Gerichtsverfassung auf das innigste mit der Wehrfähigkeit zusammenhing, vor Gericht zu vertreten hatte [1]). Was vom Einzelnen, galt auch von der Corporation. War eine solche von der öffentlichen Gerichtsbarkeit befreit worden, so hatte der Vogt nicht nur den äusseren Frieden der Kirche zu schützen, sondern auch den inneren Frieden derselben zu wahren. Er richtete, soweit der Kirche die höhere Gerichtsbarkeit übertragen worden war, über alle Verbrechen, die als Friedbrüche galten. In der Regel scheint der Vogt auch die niedere Gerichtsbarkeit überkommen zu haben. Der Grund liegt nahe. So lange die Immunität auf die blosse Vertretung der Hörigen beim Grafengerichte beschränkt war, geschah diese durch den Vogt. Als die Kirche die eigene Gerichtsbarkeit erhielt, wurde naturgemäss der Vertreter der Hörigen zum Richter

---

[1]) Vergl. Kraut, die Vormundschaft nach den Grundsätzen des deutschen Rechtes. B. I, S. 18, 30 ff.

derselben [1]). Ursprünglich war der Vogt ein Beamter der Kirche. Wie schon der Name advocatus sagt, hatte er nur auf den Ruf handelnd einzuschreiten. Allein trotz aller Gegenmassregeln wurde das Amt ein erbliches Lehen. Die Vögte schwangen sich zu Herren der Kirchen auf, erhoben, gestützt auf ihre Gerichtsbarkeit, unter dem Titel des Vogtrechtes Abgaben aller Art und verfügten über Güter und Leute des bevogteten Klosters wie über ihr Eigenthum [2]).

In Österreich besitzt eine Anzahl von Klöstern volle oder theilweise Immunität von der öffentlichen Gerichtsbarkeit, ohne dass wir um die Erwerbung derselben wissen. Die Vogteien der meisten dieser Klöster vereinigen die Babenberger in ihrer Hand, sei es nun als Patronats- oder Lehensvogteien. Da sie die Vogtei nicht überall selbst ausüben konnten, so übertrugen sie in den meisten Fällen die Vogteigerichtsbarkeit mit Vorbehalt der übrigen Vogteirechte eigenen Richtern, oft sogar geradezu den Landrichtern. Ein solches Verfahren musste die erworbene Immunität in ihren Wirkungen wieder zu nichte machen. Die Bedrückungen der Untervögte, die der Kirche stets auf dem Nacken sassen, da ihre Gewalt sich nur auf das Klostergut erstreckte, fielen schliesslich lästiger als früher die Wirksamkeit des öffentlichen Richters, die doch einen grösseren Sprengel umfasst hatte. Daher streben die Klöster, wie sie früher nach der Exemtion von der öffentlichen Gerichtsbarkeit gestrebt, nun nach der Befreiung von der Vogteigerichtsbarkeit, die an deren Stelle getreten war. So tritt denn eine allgemeine Umwandlung dieses Verhältnisses ein, die man vielleicht „gerichtliche Entvogtung" nennen könnte [3]). Die Klöster werden von der Gerichtsbarkeit der

---

[1]) Unzureichend scheint mir der Grund, welchen Montag, Geschichte der deutschen staatsbürgerlichen Freiheit, für die Vereinigung der mit Unrecht principiell geschiedenen Schutz- und Gerichtsvogtei vorbringt, nämlich die Ersparungsrücksicht der Kirchen, die nicht zugleich einen Schutzherrn und einen Gerichtsverwalter bezahlen wollten.

[2]) Vergl. Leopold VI. für Lambrecht 1202, M. 89, 36: cum nos in eodem predio tertium mansum iure fori et advocatie dominio nostro adtraxissemus und Pertz XVII, 373 f. de advocatia Altahensibus.

[3]) Auch die Freiheit von der Vogteigerichtsbarkeit ist eine Immunität; so wird sie in den Urkunden manchmal genannt. Auch die Befreiung von derselben ist eine Exemtion (genau genommen eine redemtio). Allein der Kürze des Ausdruckes wegen spreche ich von „Vogtfreiheit und Entvogtung," und nenne dagegen die Freiheit vom Landgerichte „Immunität," die Befreiung von demselben „Exemtion" schlechtweg.

Vögte befreit und diese wird vom neuen der Kirche übertragen, welche sie durch ihre eigenen Amtleute auszuüben befugt wird. Diese Entvogtung macht sich in Österreich zu einer Zeit geltend, in welche die meisten und wichtigsten Immunitätsprivilegien fallen. Aus derselben Ursache, welche die Entvogtung hervorrief, wird nur selten mehr die Immunität, wo sie noch nicht erworben worden, allein ertheilt, sondern von vorne herein zugleich die Freiheit von der Vogteigerichtsbarkeit ausgesprochen, da man einsehen gelernt, dass jene ohne diese keinen Werth besitze. Wo Immunität allein oder Vogteifreiheit allein verliehen wird, geben allgemeine Ausdrücke, wie iudex, iudicium, iusticia keinen Anhaltspunct uns für eine von beiden zu entscheiden, um so weniger als Land- und Vogtding nicht blos von modernen Urkundenforschern, sondern auch von mittelalterlichen Urkundenschreibern nicht immer scharf auseinandergehalten wurden. Für die gerichtshoheitliche Stellung der Babenberger ist diese Unterscheidung von selbstverständlicher Wichtigkeit. Bei der Entvogtung tritt der Herzog als Inhaber der Vogteigerichtsbarkeit, also eines Privatrechts, bei der Exemtion als Inhaber der öffentlichen, der vom Reiche geliehenen Gerichtsbarkeit auf.

Periode von 976—1156.

In der Zeit unmittelbar nach Wiederherstellung der Ostmark stand ein grosser Theil von Grund und Boden im Eigenthum des Königs und war als solches frei von allen öffentlichen Abgaben und Leistungen [1]). Durch Schenkung oder Belehnung ging das Königsgut allmählich, und zwar vermuthlich mit der ihm anhaftenden Immunität in die Hände der Kirche, des Markgrafen oder der Edlen des Landes über.

Bairische wie fränkische Klöster hatten schon vor Rückeroberung des Landes Besitzungen innerhalb des späteren Markgebietes, an welchen sie nach Vertreibung der Ungern das frühere Eigenthum und die damit verbundenen Rechte geltend machten. Da die Kirchen sich ihre Vorrechte in der Regel auch für alle künftigen

---

[1]) Waitz, Verfassungsgeschichte IV, 243 ff.

Erwerbungen verleihen liessen, so mochten die Vorsteher derselben, mitunter wohl auf karolingische Privilegien zurückgehend, auch für neu erworbenes Gut dem Markgrafen gegenüber die Immunität beanspruchen. Ausserdem wurden von den Königen verliehene Immunitäten erweitert, neue verliehen.

So stellt 985 Otto III. dem Bisthum Passau eine Urkunde aus, in welcher die Freien, welche die Kirche aus Mangel an Knechten als Colonen aufnimmt, von der Amtsgewalt des Markgrafen befreit, die öffentlichen Abgaben derselben der Kirche geschenkt werden [1]). Sie sollen weder vom Markgrafen noch sonst von einem Richter angehalten werden, Gewette zu zahlen — wie es aus verschiedenen Gründen das deutsche Gerichtsverfahren erheischt — oder das Grafengericht zu suchen, jene Fälle ausgenommen, in welchen die Hörigen der Kirche von Ungenossen geklagt, vor den öffentlichen Richter gestellt werden müssen [2]).

Bei den weitgehenden Immunitätsansprüchen, welche die Kirchen erhoben, konnten Conflicte mit den auf ihre Rechte eifersüchtigen Markgrafen nicht ausbleiben. Nebst anderen Ansprüchen scheinen auch derartige Misshelligkeiten einem unechten Diplome zu Grunde zu liegen, welches in der ersten Hälfte des 12. Jahrhunderts in Passau fabricirt wurde [3]). Demnach hätte zur Zeit Bischof Pilgrim's von Passau Herzog Heinrich von Baiern in der Ostmark einen Gerichtstag gehalten und sich von den Märkern eidlich bestätigen lassen, wie weit die Hörigen der Bisthümer und Abteien dem

---

[1]) Ut liberi cuiuscunque conditionis sint, qui destinantur coloni . . . a nostrorum ministerialium deinceps sint districtione absoluti et quicquid noster publicus fiscus ab illis exigere poterit . . . advocato ecclesiae . . . exigendum . . . condonamus. M. B. XXVIII^a, 244, Meill. 1, 3. Es charakterisirt die rein amtliche Stellung, welche der Markgraf einnimmt, dass der König von einem „noster publicus fiscus" spricht.

[2]) Nec pro ulla alia occasione aut vadium solvere aut ad comitatum ire a marchione vel aliqua iudiciariae potestatis persona cogantur nisi ea lege vel iure, quo ecclesiastici servi ab extraneorum pulsati reclamationibus pro satisfacienda iustitia ad placitum ire compelluntur.

[3]) Meiller 1, 4. Heinricus strenuus Baioariorum dux in marca Liuthaldi marchionis congregatis omnibus . . . publico placito habito populum terminalem . . . iurare fecit . . . quid episcopatuum aut abbatiarum familiae deberent marchioni . . . familiam sancti Stephani ob omni iugo vel districtione marchionis, hoc est collectis donativis, operibus, mansionaticis et ceteris servitiis liberam et absolutam asserebant. Mon. Boic. XXVIII^b, 86. Über Zweck und Zeit der Fälschung vergl. Büdinger österr. Geschichte I, 491, Excurs IV.

Markgrafen pflichtig seien. Da wird denn vor Allem erhärtet, dass die Hausgenossenschaft Passau's frei sei von aller Amtsgewalt des Markgrafen, frei von allen öffentlichen Leistungen und Abgaben. So wenig uns die Urkunde für das Ende des 10. Jahrhunderts als die angebliche Datirungszeit massgebend sein kann, so wichtig ist sie uns für die muthmassliche Zeit der Fälschung, indem sie einen energischen Widerstand des Markgrafen gegen die Immunitätsgelüste der Kirchen überhaupt, der passauischen Bischöfe insbesondere zur Voraussetzung hat. Charakteristisch ist es, dass der Fälscher sich nicht auf eine königliche Verleihung, sondern auf das uralte Gewohnheitsrecht der Mark beruft.

Eine Schenkungsurkunde Konrad's III. von 1142 gehört in die Reihe der seltenen Diplome, in welchen einem Weltlichen die Immunität ausdrücklich bestätigt wird [1]. Markgraf Theobald lässt dem König ein königliches Lehen in der Ostmark auf, das Gut Petronell, welches Hugo von Chranichberg als Afterlehen inne hatte. König Konrad III. gibt es dann diesem zu Eigen mit allen dazu gehörigen Nutzungen und Freiheiten, sammt Gerichtsbarkeit, Bann, Stock und Galgen. Das Königsgut war als solches immun und hatte diesen Charakter als Lehen beibehalten. Als Vermuthung spreche ich es aus, dass bei Allodificirung des Lehens die aus der Immunität entspringenden Rechte ausdrücklich mit verliehen und bestätigt werden mussten.

Um der inneren Verwandtschaft willen ziehe ich hier eine Kaiserurkunde heran, die nicht in die Ostmark gehört, sondern ein Kloster der nördlichen Steiermark betrifft. Ein königlicher Capellan und Diakon der Kirche von Salzburg, Aribo hatte aus seinem Erbgute das Nonnenkloster Goess gegründet, und bittet den König es zu eximiren. Zu dem Ende tradirt er ihm das Kloster, worauf der König es in seine Immunität aufnimmt [2]. Um das Kloster immun zu

---

[1] Regia autoritate in proprium tradidimus... villam... cum omnibus utilitatibus ad idem predium pertinentibus, libertatibus, iudicio, vinculo, patibulo a medio Danubii usque ad medietatem fluminis Litahae. Insuper petitione Henrici eiusdem terrae marchionis annale forum... in villa... statuimus. Ludewig Rel. IV, 243. M. 30, 2.

[2] Quidam iuvavensis ecclesiae diaconus, consanguineus noster atque capellanus, nomine Aribo... monasterium... in nostram potestatem libertandi gratia tradidit et suae heredumque suorum proprietati aut potestati deinceps in futurum abalienavit...

machen, lässt Aribo sein Eigenthum dem Könige auf; durch die Tradition wird es Königsgut und als solches immun. Eine besondere Verleihung der Immunität, die etwa jener Vergabung nachgefolgt wäre, wird im weiteren Contexte der Urkunde nicht erwähnt. Eine Urkunde Konrad's III. für Klosterneuburg von 1147 gewährt zwar nicht gerichtliche, sondern fiskalische Immunität, legt aber den Schluss nahe, dass bei gerichtlichen Exemtionen derselbe Vorgang beobachtet wurde. Der König bestätigt den Besitzstand des Klosters, möge er von königlichem oder markgräflichem Gute herrühren, schenkt demselben das sogenannte Marchfutter und die bis dahin auf den Stiftshörigen lastenden öffentlichen Dienste, und nimmt es schliesslich in seinen Schutz auf [1]). Klosterneuburg von Leopold III. gegründet, stand unter babenbergischer Erb- und Patronatsvogtei. Das Marchfutter ist eine der Mark eigenthümliche Abgabe [2]), die zu Gunsten des Markgrafen erhoben wurde. Der Gedanke, das Kloster von Rechten der öffentlichen Gewalt zu befreien, deren Ausübung dem Markgrafen zustand, mag von Heinrich II. (Jasomirgott) ausgegangen sein. Nichts desto weniger spricht nicht dieser, sondern der König die Immunität aus, und zwar ohne einer vorausgehenden Exemtion durch den Herzog-Markgrafen Erwähnung zu thun, wie dies in Urkunden der folgenden Periode geschieht. Ohne Zweifel geschah die Exemtion auf Verlangen Heinrich's II., der sich damals am Hofe des Kaisers zu Regensburg auf-

---

annuentes monasterium cum monachabus ... in nostram immunitatem recepimus. Froehlich, Diplom. sacra ducatus Styriae. (Wien 1756) I, 10 Nr. 6.

[1]) Quaecunque bona sive ad possessionem regni pertinentia sive a duce ac marchione Heinrico ... tradita sunt, quieta maneant ... Statuimus etiam ut iustitia illa marchiae quae vulgo marchmutte dicitur et opera, quae hactenus a colonis exigebantur deinceps ad usum ecclesiae conferantur ... praefatam quoque ecclesiam ... regiae maiestatis defensioni clementer admittimus. Fischer, Gesch. v. Klosterneuburg II, 144, 12. M. 32, 13.

[2]) Ohne durch den Klang des Wortes verleitet zu sein, halte ich das Marchfutter für eine der Mark eigenthümliche Abgabe. Die Märker, gegen ein Reitervolk, die Ungern, in beständigem Kriege sind genöthigt, den Kriegsdienst zu Ross zu leisten (daher auch die ungewöhnlich frühe Ausbildung des Ministerialwesens in der Ostmark). Die vom Heerbann Befreiten mussten das für die Pferde nöthige Futter liefern. Marhfutter = Mähreafutter. Marchmutte von mut, ein Mass für Heu. Dieselbe Bedeutung haben Marhrecht, Marhdienst. Auch in der Mark Brandenburg hat dieses Marhrecht bestanden. 1188 verleiht Otto von Brandenburg den Kanonikern zu Stendal ius marchie, quod communi vocabulo marcrecht nuncupatur Reumer Regesta hist. Brand. Nr. 1332.

hielt, wie er denn auch in der Zeugenreihe unserer Urkunde erscheint.

Wenn durch die angeführten Beispiele der Umstand bestätigt wird, dass der König eximiren kann, so drängt sich anderseits die Frage auf, ob nur der König dies Recht besitze. Die Frage wäre zu verneinen, wenn eine markgräfliche Immunitätsverleihung sich fände.

1115 befreit Leopold III. alle Besitzungen des Stiftes Florian von den Erhebungen und Bezügen, die ihm daran in der Riedmark oder überhaupt in seinem Amtsbezirke nördlich der Donau zustehen [1]). Vor Allem ist es sehr zweifelhaft, ob hier gerichtliche Rechte mit inbegriffen seien. Ausserdem deutet der Ausdruck mei iuris nur auf eine Veräusserung ad personam.

1136 schenkt Leopold III. dem Kloster S. Niclas ein Gut; er hinwiederum empfängt von den Brüdern bibliothecam in tribus voluminibus et missale unter der Bedingung, dass er auf dem Besitzthume des Klosters keines seiner Rechte geltend mache [2]). Bei der Gründung von S. Niclas wurde Markgraf Leopold II. vom Stifter, dem Bischof von Passau für alle in Österreich gelegenen Besitzungen desselben zum Vogte bestellt. Wenn also der Ausdruck ab omni iure auch auf die Gerichtsbarkeit bezogen wird, so kann doch die Exemtion als Entvogtung betrachtet werden. Übrigens weist der ganze Vorgang des Tauschgeschäftes, zumal die Gegenleistung des Klosters auf ein nur persönliches Zugeständniss des Markgrafen hin.

Dies die zwei einzigen Fälle, die hier in Betracht gezogen werden könnten. Ein gerichtliches Exemtionsrecht der Markgrafen erweisen sie nicht, doch mag man sie immerhin als schüchterne Ansätze zur Ausbildung desselben gelten lassen. Abgesehen hievon hat der König — wenn anders diese urkundenarme Periode uns gestattet ein Resultat der Untersuchung hinzustellen — das ausschliessliche Exemtionsrecht; er verleiht die Immunität, ohne dass die Einwilligung des Markgrafen nöthig erscheint.

---

[1]) Qualiter absolverim .... predia a redibitione vel reditu mei iuris in riedmarcha vel in omnibus locis mei regiminis trans Danubium positis. Urk. B. d. L. ob der Enns II, 149 Nr. 100. M. 14, 15.

[2]) Accepisse — ea conditione ut ... possessio eorundem fratrum in eisdem finibus nulli marchionis iuri subiaceret. M. B. IV, 310, Nr. 7. M. 21, 55.

Exemtionen von 1156—1246.

Für die Zeit von Österreichs Erhebung zum Herzogthum bis zum Erlöschen des babenbergischen Hauses mehrt sich der urkundliche Stoff in einer Weise, dass er eine Gruppirung nach bestimmten Gesichtspuncten erheischt. Ich scheide vorerst jene Fälle aus, in welchen Bisthümer, reichsunmittelbar im späteren Sinne des Wortes, auf herzoglichem Boden Immunität erwarben.

1164 schreibt Bischof Albert von Freising aus Österreich, wohin er eine Reise zum Herzog unternommen hatte, an sein Capitel, der Herzog habe auf seine Verwendung hin die freisingischen Besitzungen von der öffentlichen Gewalt gänzlich befreit, also dass auf denselben für sein und des Herzogs Lebzeiten keiner der herzoglichen Richter oder Amtleute etwas zu schaffen habe. Die Leute des Bisthums hätten hiefür einen mässigen Jahreszins zu entrichten. Dies schreiben wir euch, schliesst der Brief, damit es unseren Nachfolgern zum Beispiel diene, auf dass auch sie nicht versäumen dieselbe Vergünstigung zu erlangen [1]).

Der letzte Zusatz beweist, dass die Immunität nur auf Lebenszeit verliehen wurde. Eine Entvogtung kann hier nicht vorliegen, da die Vogtei über Freising den steierischen Ottokaren bis zum Aussterben dieses Geschlechtes zustand. Vermochte der Herzog die Immu-

---

[1]) Petitiones meas omnes exaudivit, ita ut ecclesiae nostrae bona a cottidiana exactione sic penitus libera dimitteret, ut nullus iudicum seu officialium suorum in eis quicquam tractare habeat. Nos vero parvum ei de predictis bonis nostris obtulimus censum, quem annuatim de hominibus nostris et nihil amplius accipiendum impetravimus . . . sic firmavit, ut toto tempore vitae suae et nostrae de iudicibus et officialibus suis nihil amplius bonis et hominibus nostris timere debeamus. Haec ideo vobis scripsimus, ut in exemplum successoribus nostris relinquantur, ut et ipsi eandem gratiam impetrare non negligant. Melchelbeck hist. fris. I, 1, 372, Meill. 46, 64.

Zahn (die freisingischen Saal-, Copial- und Urbarbücher öst. Archiv XXVII, p. 232) bringt die Reise des Bischofs damit in Zusammenhang, dass der Herzog — wahrscheinlich in Folge des 1156 erlangten privilegium minus und des darin enthaltenen Vorrechtes bezüglich der Gerichtsbarkeit — die bischöflichen Güter auf bisher ungewohnte Weise belastete. Das Schreiben des Bischofs lautet nicht darnach, als hätte der Herzog die Gerichtsbarkeit über die Freising'schen Güter widerrechtlich an sich gezogen. Die Befreiung wird nicht als Restitution, sondern als Gnade bezeichnet, und es dürften die Fälle selten sein, in denen die Kirchen des Mittelalters etwas „gratia" nannten, was sie als Recht beanspruchten.

nität nur auf Lebenszeit zu ertheilen, so wird 1189 das Bisthum durch Vermittlung des Kaisers auf die Dauer eximirt [1]). Der Vorgang ist ein streng lehenrechtlicher. Herzog Leopold V. und dessen Sohn Friedrich lassen dem Kaiser die Rechte auf, die sie über die bischöflich freisingischen Frohngüter vormals vom Reiche in Besitz hatten, nämlich Marchfutter, Landgericht und Burgwerk [2]), Rechte, deren Ausübung nur ihnen zustand. Auf der Herzoge und Bischof Otto's Bitten überträgt der Kaiser die ihm aufgelassene Gerechtsame kraft königlicher Verleihung der Kirche von Freising.

Die ganze Handlung zerfällt in zwei scharf zu scheidende Acte. Die Entäusserung der öffentlichen Gewalt geschicht von Seiten des Herzogs, die Übertragung derselben von Seiten des Kaisers [3]). König und Herzog wirken zusammen, nicht mehr der König allein, wie in den Exemtionen der markgräflichen Periode, nicht der Herzog allein, wie dies bei Exemtionen reichsmittelbarer Kirchen aus der Zeit des Herzogthums der Fall ist.

Ein ganz ähnlicher Vorgang tritt zu Tage, als es sich um Ausgleich eines Streites handelt, der zwischen dem Bischof von Passau und Leopold VI. obschwebte, unter Anderem wegen des Landgerichtes und Marchfutters, die der Herzog auf einigen passauischen Gütern beanspruchte. König Friedrich II. bringt 1215 zu Augsburg einen Vergleich zu Stande; der Herzog entsagt auf seine Bitte hin dem Streitgegenstande und lässt die streitigen Rechte in die Hände Friedrich's auf, insbesondere Marchfutter und Landgericht, und zuerkennt der Kirche von Passau für sich und seine Nachfolger, „was hierin oder sonst wie sein Vater derselben auf ihren Gütern von seinen Rechten zugetheilt habe". Der Kaiser überträgt dann Land-

---

[1]) ... cum Leopoldus et filius F .. omnem maiestati nostrae resignassent Iustitiam, quam per dominicalia frisingensis episcopi quondam ab imperio possederunt in Austria i. e. marbrecht et lantgerichte et burwerch, quae specialiter ad usus eorum respiciebant tam in officio Enzinstorf — von den hierauf genannten vier Besitzungen werden drei in der Urkunde von 1164 als zinspflichtig angeführt. — Nos predictam iusticiam nobis resignatam ecclesiae ... donatione regali tradidimus M. B. XXXI^a. 438. M. 66. 43.

[2]) „Burwerch" = burgwerk, vergl. die Urkunde M. 46. 63. Es bildet mit marchfutter (respective Heerbann, den dieses vertritt) und Landgerichtsfolge die Trias der öffentlichen Leistungen in der Mark.

[3]) Vergl. Hohmeyer Ssp. II, 2 System des Lehnr. 427, 1.

gericht und Marchfutter mit Zustimmung und freiem Willen des Herzogs dem Bischofe und seiner Kirche zu beständigem Besitze [1]). Leopold V. mag Passau nur temporäre Immunität ertheilt haben, wie dies Heinrich II. für Freising gethan. Sein Nachfolger glaubte an diese Exemtion nicht gebunden zu sein, daher der Conflict. Charakteristisch ist in dieser Urkunde die Hervorhebung des consensus und der bona voluntas in Bezug auf die Übertragung der Gerichtsbarkeit, auf die doch der Herzog bereits verzichtet hatte; sie erinnert lebhaft an den consensus und die permissio des Minus. Die Mitwirkung des Herzogs tritt hier, wo es sich um streitige Rechte handelt, wo möglich noch schärfer hervor als in der Freisinger Urkunde; namentlich ist in dieser Richtung zu betonen, dass Leopold VI. noch vor der königlichen Gerichtsleihe die Rechte zuerkennt, die sein Vater dem Bisthum verliehen [2]).

Fassen wir beide Fälle zusammen. In beiden handelt es sich nicht nur um Befreiung von der öffentlichen Gewalt, sondern auch um vollständige Übertragung derselben zu eigenem Rechte. Die herzogliche Gerichtsbarkeit ist vom Reiche lehenrührig. Die Exemtion des Herzogs, oder vielmehr jede damit zusammenhängende Übertragung von öffentlicher Gerichtsbarkeit mochte daher als Afterleihe erscheinen. Jedenfalls hat sie ein Verhältniss unmittelbarer Unterordnung des Eximirten unter den Eximirenden zur Folge, wie denn z. B. die österreichischen vom Herzog eximirten Klöster landsässig bleiben.

Nun stehen aber die Pfaffenfürsten im Heerschilde um eine Stufe höher als die Laienfürsten. Diese können von jenen, nicht jene von diesen Lehen nehmen. Die Exemtion des Herzogs ist daher den Bischöfen gegenüber nur eine provisorische und gibt dem eximirten

---

[1]) iam dictis principibus in civitate Augusta ... constitutis amicabilem inter eos fecimus compositionem ita, quod ad petitionem nostram ... dux cessit liti et in manus nostras renunciavit omni iuri, quod habuit vel quod habere videbatur in ... patronatu ... in advocatia ... Specialiter etiam renunciavit fodro et lantgerichte quod habuit in ... predio Swabdorf ... et quicquid in his vel in aliis pater suus de iure suo Pataviensi ecclesiae contulerat, ipse quoque pro se et pro universis suis successoribus eidem recognovit. Nos autem ... et lantgerichte et marchfuter sicut predictum est et si qua sunt alia iura, quae in causis predictis ad nostram pertinent donationem, de consensu et bona voluntate ducis concessimus episcopo et ecclesiae suae ... M. B. XXX¹, 26. M. 115, 122.

[2]) pater ... „de iure suo" ..." contulerat.

Bisthum keine Gewehre. Um eine solche zu begründen, muss die Übertragung der Gerichtsbarkeit den Umweg durch die Hand des Königs nehmen.

Ich gehe zu den Exemtionen für Klöster über und scheide diese in Klöster inner und ausserhalb der babenbergischen Lande. Was die erste Gruppe betrifft, so wurde bereits oben hervorgehoben, dass die eigenthümliche Gerichtsverfassung der Mark eine Trennung der Exemtionen auf märkischer und nicht märkischer Erde erspriesslich scheinen lasse. Von den ersteren sollen zuerst die der Ostmark, dann die der Steiermark abgehandelt werden.

Zwettl erhält 1168 durch Schenkung eines herzoglichen Ministerialen ein Gut, welches der Herzog von jeder Abgabe und rechtlichen Belastung befreit [1]). Wenn in dem „debitum iuris" die Gerichtsbarkeit inbegriffen ist, so liegt eine Exemtion vom Landgerichte vor, da Zwettl als Cistercienserstift von vogteilicher Gerichtsbarkeit frei war.

Um bei Zwettl zu bleiben, führe ich hier mit Unterbrechung der chronologischen Ordnung eine Urkunde von 1242 an, in welcher Herzog Friedrich II. dem Stifte all' sein Anrecht in Bezug auf Taidinge und Haberlieferungen „in villa Zwettlern" überträgt [2]).

1179 verleiht Leopold V. dem Stifte Klosterneuburg, die ihm (dem Herzoge) zustehende öffentliche Gerichtsbarkeit in drei Dörfern, nachdem er bereits früher dem Stifte gestattet hatte, dieselbe Jahr für Jahr um sechs Talente abzulösen [3]). Bleibt es hier zweifelhaft ob nicht etwa nur eine temporäre Exemtion vorliege, so ergibt eine Urkunde Leopold's V. von 1181 für das Schotten-

---

[1]) E. d. G., unus de primis et excellentioribus ministerialibus Henrici ducis ... donavit ecclesiae ... predium Zigenstorf. Facta est autem haec donatio assensu et concessione ducis Heinrici, qui eandem possessionem ab omni exactione ac debito iuris absolvit et solis usibus fratrum ... liberam esse instituit. Link, annales Zwettlenses I. 187. M. 47, 70.

[2]) Omne ius nostrum, quod habuimus aut videbamur habere sive in placitis sive in persolutione avenae aut quocumque nomine censeantur, in villa quadam, quae vocatur Zwetlern ... in recompensationem damnorum. quae Ulricus de Chüngesp. monasterio intulit, contulimus pleno iure ita videlicet, quod nullus officialium aut iudicum nostrorum in prefata villa exactiones „etc." (sic). Die Urkunde ist nur unvollständig abgedruckt bei Link, ann. Zwettl. I 317. M. 170, 97.

[3]) indulsit ecclesiae omnem sui iuris iusticiam, seculare videlicet et forense (?) iudicium in tribus villis ... quod et prius ... singulis annis sex talentis redimendum prestiterat. Fischer, Gesch. Kl. N. Saalb. II. 73, 126. M. 58, 12.

kloster in Wien ein bestimmteres Resultat. Der Herzog befreit es für beständig von Landtaiding und Marchfutter und verbietet seinen Richtern und Amtleuten die Ausübung der dem Kloster überlassenen herzoglichen Rechte [1]).

1187 befreit Leopold V. die Ortschaft Minchendorf, welche die Brüder von heiligen Kreuz aus einem Meierhofe in ein Dorf umgewandelt hatten, von aller Gerichtsbarkeit und allen Abgaben an Richter und Vögte [2]).

1195 eximirt Herzog Friedrich I. die diesseits der Donau gelegenen Güter Göttweihs, wie es scheint von der öffentlichen und vogteilichen Gerichtsbarkeit zugleich [3]). Wie sich übrigens aus einer Exemtion Herzog Friedrich's II. ergibt, hatte Göttweih über die Befreiung vom Landgerichte eine besondere Urkunde von Friedrich I. erhalten. Herzog Friedrich II. bezeugt nämlich 1232, dass er die Rente von 40 Talenten, welche das Stift dem Landrichter von Tuln für die Befreiung von seiner Gerichtsbarkeit einem Privilegium Friedrich's I. gemäss zu entrichten hat, in eine Abgabe von 100 Scheffeln Haber umgeändert habe [4]). Die Umwandlung der Rente lässt darauf

---

[1]) cum enim varias et diversas iustitias in terra nostra iure requirere debeamus, nos tamen redditus ipsius ecclesiae ab omni iure nostro tam a placito provinciali, quod vulgo landtaidinch dicitur, quam a pabulo ... penitus excepimus et liberos esse in perpetuum statuimus. Ne quis autem de cetero iudex sive praeco audeat occasione nostrae repetendae iustitiae, quam prorsus eis remisimus, aliquid exigere, districte prohibemus. Fontes rer. Aust. II, 18. p. 10. M. 59, 15. Der Immunitätsbrief für das Schottenkloster von 1158 ist unecht.

[2]) Statuimus ut nulli exceptis fratribus liceat ... ius sibi iudiciarium vendicare, solationes, quas iudices et advocati exigunt, expetere vel aliquas omnino exactiones extorquere. Fontes II, 11, p. 16, M. 64, 34. Vergleiche unten die Exemtionsformel für Lilienfeld von 1209, Seite 36, Note 1. Nach Ssp. III. 79. §. 1 darf bei Anlegung eines Dorfes der Grundherr den Bauern kein Recht geben, wodurch er „des landesrichtere sin recht krenken oder sin gewette minnern" würde. Daher die Exemtion.

[3]) In possessionibus ... in ea parte Danubii, qua monasterium ipsum situm est et in Gris nullus unquam hominum sub nomine advocati aut iudex vel praeco de nostra permissione vel alicuius officii vel iudicii occasione ... fratribus iniuriam inferat ... ea conditione, ut pro iustitia nostra de eisdem possessionibus ipsi fratres CC modios avenae annuatim nobis persolvant. Fontes II, 8. p. 279, M. 77, 1.

[4]) Item 40 talenta, quae vulgo dicuntur lantpfenninge, super quibus solvendis iudici nostro de Tulna, ne aliquam iurisdictionem in homines ecclesiae haberet, privilegium acceperat a f. m. patruo nostro Friderico ... in C modios avenae ... ad instanciam precum abbatis ... fecimus commutari ita dumtaxat, ut nullus iudicum nostrorum nec citra nec ultra Danubium aliquam habeat iurisdictionem in bonis illis, in quibus solvitur haec avena ... Fontes II, 8. p. 297, M. 110, 102.

schliessen, dass es sich nicht darum gehandelt habe ein dem Landrichter von Tuln selbstständig zustehendes Recht abzulösen, sondern dass ihm für einen Theil der Einkünfte, die er als Beamter vom Herzog bezog, jene 40 Talenten zugewiesen wurden, um die das Kloster die Gerichtsbarkeit vom Herzoge erkauft hatte. In der Exemtionsformel der Urkunde von 1232 wird nicht blos der Landrichter von Tuln erwähnt; die Immunität wird ausgesprochen für alle Güter des Klosters auf beiden Seiten der Donau, auf welchen die Abgabe von Haber (dem Herzoge) entrichtet wird. Nach alledem lässt sich diese Urkunde mit der oben angedeuteten Stellung der märkischen Landrichter in Einklang bringen.

In der Stiftungsurkunde für Lilienfeld von 1209 verbietet Leopold seinen Nachfolgern und Unterthanen, sich auf dem Klostergute irgend welche Gerichtsbarkeit anzumassen oder nach Brauch der Richter und Vögte Abgaben zu erheben [1]). Dass es sich hiebei nicht blos um vogteiliche, sondern auch um landgerichtliche Immunität handelte, ergibt sich aus der Urkunde Kaiser Friedrich's II., durch welchen Leopold seine Exemtion bestätigen lässt. Friedrich II. nimmt das Kloster in seinen Schutz und bestätigt dessen Besitzstand. Rechte, die etwa der königlichen Gewalt zuständen, die aber kraft seiner und des Reiches besonderer Verleihung der Herzog inne hat, Landgericht, Wandel, Bussen, Marchfutter u. s. w. überträgt er, wie sie bereits dieser selbst angemessener Weise übertragen, mit königlicher Machtvollkommenheit durch seine Bestätigung dem Kloster „auf dass auch er des Gebetes der Brüder theilhaftig werde" [2]). Der bei dieser Bestätigung beobachtete Vorgang ist wesentlich verschieden von dem bei den Exemtionen Freisings und Passaus. Dort lässt der Herzog

---

[1]) Decernimus ut nulli successorum nostrorum vel subditorum liceat in possessionibus cunctis eorum, quas et habent et habituri sunt, iurisdictionem usurpare vel solutiones, quas iudices et advocati exigunt expetere. Hanthaler Fasti Campil. I, II, 597. M. 101, 75.

[2]) In nostrae celsitudinis protectionem recipimus et ... auctoritate regia confirmamus. Volumus etiam ob amorem consanguinei nostri, quod si quae sunt, quae forte ad nostram spectant iurisdictionem, quae tamen praefatus princeps donatione nostra et imperii tenuit ac tenet speciali, videlicet iudicium, quod dicitur lantgerihte, et compositiones et bannos et marchfutter et fodinas ... ut et nos orationum fratrum ... esse participes mereamur, sicut ipse ea predictae domui rationabiliter contulit atque pie, ita et nos eidem domui ea per ratihabitionem regia auctoritate conferimus et nviolabiliter confirmamus. Kirchliche Topographie von Oest. VI. 270 M. 121, 147.

seine Rechte dem Kaiser auf, und dieser überträgt sie der Kirche; hier ging die Exemtion von Seite des Herzogs voraus als eine in sich abgeschlossene Handlung, zu welcher, wie der Kaiser ausdrücklich hervorhebt, der Herzog berechtigt war. Der Kaiser beschränkt seine Mitwirkung auf die nachträgliche Bestätigung der vollzogenen Exemtion „confert per ratihabitionem" und anerkennt hiemit das herzogliche Exemtionsrecht. In einer Urkunde Herzog Friedrich's II. von 1232, worin dieser dem Stifte Lilienfeld die Verleihungen seines Vaters bestätigt, wird die kaiserliche „Sanction" mit der päpstlichen zusammengestellt, welche ebenso wenig wie jene unbedingt nothwendig war [1]).

Waldhausen, im Machlande, einem Theile der Riedmark gelegen, erhält 1240 von Herzog Friedrich II. ein Privileg, worin dieser seinen Richtern und Amtleuten die Ausübung der Gerichtsbarkeit und Erhebung von Abgaben auf den Klostergütern untersagt. Da der Herzog in derselben Urkunde „eos, qui pro tempore in numeralis locis iudices fuerint aut praefecti" als „defensores" der eximirten Güter bestellt, so kann es sich nur um Befreiung von der öffentlichen nicht aber von der Vogteigerichtsbarkeit gehandelt haben [2]).

Seitenstetten, 1237 von Kaiser Friedrich II. in Schutz genommen, wird bald darauf (1240) durch Herzog Friedrich II. von

---

[1]) Quascunque ergo pater noster religiosa liberalitate iam dicto contulit monasterio et apostolica pragmaticaque sanctione solempniter sunt communita ... Hantbaler Fasti Camp. I. II, 784 Meiller 148, 2.

Die Urkunde Leopold's VI für das heiligen Geistspital zu Wien übergehe ich als unecht. Leopold urkundet nach derselben 1211, 20. V. (Meiller 106, 92. Hormayr Wien II, 4, p. 52, Nr. 308) als dux Austrie et Styrie et dominus Carniolie. ein Titel, welchen erst Friedrich II. 1232 (vergl. Meiller Note 432) als der erste unter den Babenbergern führte. Dass todeswürdige Verbrechen mitten auf der Wienbrücke oder im Wienflusse vom judex laicus der Brüder dem Stadtrichter von Wien zu stellen seien, mahnt an die ängstlich genauen Bestimmungen dieser Art in den späteren Weisthümern. Völlig vereinzelt stünde in dieser Zeit die Bestimmung, dass die Güter dessen, der die Grenze der Freiung überschreitet, omni actione remota dem Herzog iurisdictionaliter verfallen seien. Eine Bestätigung der Privilegien des Spitales durch Ottokar von 1274 nimmt auf diese Rechte keinen Bezug.

[2]) Hanc libertatem (indulsimus), ut nullus umquam iudicum aut prefectorum nostrorum in Machland et in civitate nostra Laa aliquam sibi iurisdictionem aut proventuum receptionem aut quamcumque exactionem in prediis ecclesiae ... debeat vindicare. Sed eos, qui pro tempore in memoralis locis iudices fuerint aut prefecti, possessionibus denominatis constituimus defensores. Kurz Beiträge IV, 438, M. 160, 53.

der Amtsgewalt seiner Richter und Amtleute befreit [1]). Die Exemtionsformel ist mit jener der obigen Urkunde verwandt. Da zum Schlusse des Privilegiums die Entvogtung ausgesprochen wird, so muss die ihr vorausgehende Exemtion sich auf die öffentliche Gerichtsbarkeit beziehen. Der Canonie von St. Pölten stellt Herzog Friedrich II. 1243 eine Urkunde aus, in der er seinem Richter zu Tuln die Ausübung jeder Gerichtsbarkeit über die Leute derselben untersagt [2]). Wenn sich für die Klöster der alten Mark verhältnissmässig wenige umfangreiche Immunitätsprivilegien finden, so lässt diess nicht sowohl auf ein seltenes Vorkommen der Immunität, sondern vielmehr darauf schliessen, dass sie sich bei den mit babenbergischen Gütern fundierten Stiftungen bis zu einem gewissen Grade von selbst verstand und dass nur Conflicte, Missbräuche oder besondere Obsorge zur urkundlihen Bekräftigung und zur Erweiterung derselben geführt haben mögen. Im Allgemeinen können wir für die herzoglichen Patronatsklöster dasselbe als Regel hinstellen, was Leopold II. in einer undatirten Urkunde für Hainburg bezüglich der herzoglichen Patronatspfarren ausspricht. Die Veranlassung war folgende. Der Capellan von Hainburg beklagte sich über Eingriffe der herzoglichen Richter „contra libertatem, quam antecessores nostri (Leopoldi VI.) ecclesiis *suis* ab antiquo concesserant". Der Herzog lässt sich über diese Rechtsfrage von Freien und Ministerialen ein Weisthum ertheilen, bestätigt auf Grund desselben die Freiheiten, welche seine Patronatspfarren (ecclesiae specialiter ad nos pertinentes) nach allgemeinen Rechtsgrundsätzen oder durch besondere Verleihung besässen, und erlässt an seine Richter und Amtleute das entsprechende Verbot [3]).

---

[1]) Hanc indulsimus libertatem, ut nullus iudicum seu officialium seu praefectorum nostrorum aliquam sibi iurisdictionem in hominibus ac possessionibus eiusdem (monasterii) pretextu officii aut occasione prefecturae sibi debeat vindicare vel audeat usurpare. — Ex abundantia quoque gratiae nostrae volumus ... ut nulla unquam vexatio dicti monasterii hominibus inferatur aut exactio advocatiae nomine requiratur. Hormayr, Archiv f. 1826 503 M. 161, 56.

[2]) Tali subvenire dignati sumus remedio, ut ... index noster in Tulna, quicunque pro tempore fuerit constitutus, nullam in homines ipsorum iurisdictionem habeat. Müller a Prankhaimb Hist. Canon. S. Hippol. 103. Meiller 176, 123.

[3]) Nos tam a liberis quam a ministerialibus nostris veritatem super hoc diligentius inquirentes invenimus ita esse sicut coram nobis (capellanus) proposuit. Cum intersit ... iura ecclesiarum conservare, illis praecipue omni nisu in sua tenemur

Wie die königliche Immunität auf die Abgabenfreiheit des königlichen Gutes, dürfte sich vielleicht die landesherrliche Immunität zum Theile auf die Eigenschaft des landesherrlichen Gutes gründen. Doch ist nicht zu verkennen, dass der Umfang derselben ein schwankender sein musste, da dem Herzog von vorneherein kein selbstständiges Recht auf die Gerichtsgefälle, sondern höchstens ein gewohnheitsrechtlicher Anspruch seiner Amtleute auf einzelne Bezüge gegenüberstand.

Wir gelangen zu den Exemtionen auf dem Gebiete der Steiermark. Da auch hier die Markverfassung durchgeführt war, haben wir uns die Gerichtsverfassung als dieselbe zu denken, wie in der Ostmark.

Herzog Friedrich I. bestätigt 1197 (?) dem Kloster Mariazell das hergebrachte Recht, dass es gegen eine jährliche Ablösungssumme von 12 Schillingen von der landesherrlichen Gerichtsbarkeit befreit sei [1]).

In einer Urkunde von 1202 für die Probstei Seckau bestätigt Leopold VI. eine Schenkung Ottokar's und verbietet den Richtern jede Gerichtsbarkeit über die auf den geschenkten Gütern sesshaften Leute [2]).

Im selben Jahre überträgt Herzog Leopold VI. der Abtei S. Lambrecht sämmtliche Rechte, die ihm auf den Gütern derselben zustehen, welche sie von Herrand de Wildonia, einem Ministerialen des Herzogs, erhalten, nämlich Landgericht, Marchfutter und Vogtrecht [3]).

---

adesse Iustitia, quarum donatio ad nos dinoscitur pertinere. Unde nos omnem libertatem, quam de communi iure seu indulgentia speciali apud predecessores nostros vel per eos hactenus habuisse noscuntur, presenti pagina confirmantes statuimus, ut nullus Iudicum aut ammanorum nostrorum nec ullus omnino laicus in prediis vel hominibus seu quibuscunque bonis ecclesiae S. Mariae de Haimb. et aliarum ecclesiarum specialiter ad nos pertinentium servitia ulla exigere vel exactiones aliquas presumat de cetero exercere. Archiv f. K. öst. G. Qu. VI, 312, Nr. 12.

[1]) Ut pro omni iustitia principis terrae recipiantur annuatim a monasterio duodecim solidi excepto raptu, quem iudex principis corrigat. Meiller 79, 12.

[2]) Donationem ducis Ot. (confirmamus) universis iudicibus dantes districtius in mandatis ut nullus eorum aliquam iurisdictionem seu auctoritatem faciendi iudicium de hominibus . . . (ibi) residentibus sibi debeant ulterius vendicare; unvollständig bei Ludewig rel. IV. 182. Ich benützte ein Transsumpt des k. k. H. H. u. St. Archivs. M. 87, 29.

[3]) Omnia iura ad nos spectantia, quae vulgo lantgerihte, marchdienest, foitreh dicuntur, libere tradidimus. Meiller 89, 36.

1227 zieht derselbe die Vogtei über die Karthause **Geyrach** an sich und verbietet seinen und seiner Nachfolger Richtern und Amtleuten über die Leute derselben zu richten [1]).

1233 nimmt Herzog Friedrich II. die Commende des **deutschen Ordens zu Gratz** in seinen Schutz, damit der Orden in Steiermark dieselben Vergünstigungen geniesse, wie in allen übrigen Ländern des Herzogs und eximiert sie von aller weltlichen Gerichtsbarkeit, allen Diensten, Abgaben und Lasten den Freiheiten dieses Ordens gemäss [2]). 1239 bestätigt derselbe „omnes immunitates et libertates", welche der Orden von seinem Vater erhalten, dehnt das 1233 verliehene Privileg in einzelnen Punkten auf alle Besitzungen des Ordens aus und bestimmt des näheren Inhalt und Umfang der ertheilten Immunität [3]).

Die in den Marken vorgenommenen Exemtionen haben das gemeinsame, dass ein Mandat an die Landrichter, das mitunter in der alten Form der königlichen Immunitätsbriefe „ut nullus iudex" erlassen wird, zur Exemtion genügt, eine Thatsache, deren Eigenthümlichkeit durch den Gegensatz zu den Immunitätsverleihungen der nächstfolgenden Gruppe schärfer hervortreten wird.

Ehe ich auf die Exemtionen auf aussermärkischem Boden eingehe, ist die Frage über die sogenannte Abtretung Oberösterreichs mit kurzen Worten zu erörtern. Da nach dem Privilegium majus die „Mark ob der Enns" 1156 von Baiern getrennt und mit Österreich vereinigt worden sein soll, hat man sich in den Gedanken einer oberösterreichischen Mark so sehr hinein gelebt, dass man den Begriff festhielt, auch nachdem dessen einzige Stütze, das privilegium majus gefallen war. Es bedarf nur eines flüchtigen Blickes auf die vielgestaltigen Verhältnisse, die uns in dem Gebiete zwischen Enns, Donau und dem Mattiggau im 12. und 13. Jahrhundert entgegentreten,

---

[1]) Advocatiam loci Lobis et successoribus nostris retinemus ... et ideo statuimus firmiter et mandamus quod nullus iudex vel officialis noster vel successorum nostrorum habeat potestatem iudicandi colonos eorum vel familiam nisi requisitus ab eis ... Froehlich Dipl. sacr. Styr. II, 137. M. 140, 220.

[2]) Quod (sacra domus sanctae Mariae Theutonicorum in Hierus.) ... ubicunque per terras nostras protectione nostra gaudeat et favore, similem igitur gratiam in terra nostra Styriae ampliantes domus eiusdem ordinis sitas in provincia memorata ... sub nostra protectione recipimus specia i eximentes eos ab omni seculari iudicio, munere, servitiorum exactione, onere secundum indultam eis eiusdem ordinis libertatem. Froehl. Dipl. II, 179. M. 132, 19.

[3]) Hormayr Wien II. 2. Urk. pg. 60. Nr. 223. Meill. 159. 50.

um sich zu überzeugen, dass es niemals eine marchia supra Anasum gegeben, dass Oberösterreich zu jener Zeit überhaupt kein staatsrechtlich abgeschlossenes Territorium gewesen. Abgesehen davon, dass man den Begriff einer oberösterreichischen Mark fallen lassen muss, darf man auch nicht von einer „Abtretung" Oberösterreichs sei es nur einer theilweisen sprechen, weil die Frage derart formulirt von vorneherein zu einer unrichtigen Beantwortung führt. Im Jahre 1156 war die Landeshoheit durchaus noch nicht so weit gediehen, dass man geradezu von der Abtretung eines bestimmten Landstriches sprechen dürfte. Es konnte sich nur um Verleihung gewisser öffentlicher Rechte handeln, die dann schliesslich zur Erwerbung der Landeshoheit über das Gebiet führten, bezüglich dessen sie verliehen worden. Im vorliegenden Falle lautet die Frage also dahin, ob und inwiefern eine derartige Verleihung im Jahre 1156 in Bezug auf das Land westlich der Enns stattgefunden habe.

Das Minus gibt hierüber keinen Aufschluss. Nach demselben resignirte Heinrich der Löwe dem Kaiser marchiam Austriae cum omni iure suo et cum omnibus beneficiis, quae quondam marchio Liupoldus habebat a ducatu Bawariae. Da die Ostmark erwiesenermassen nicht vom Herzog von Baiern lehnrührig war, die „beneficia" sich somit auf baierische Lehen ausserhalb der Ostmark beziehen müssen, so könnte man annehmen, dass die Babenberger jenseits der Enns Grafschaften von den baierischen Herzogen zu Lehen hatten, etwa wie die steirischen Ottokare die Grafschaft Ennsthal als salzburgisches, und den Traungau vielleicht als baierisches Lehen besassen. Es könnte diese Hypothese sich auch auf jene Stelle Otto's von Freising stützen, in welcher er den Hergang bei Österreichs Erhebung zum Herzogthum erzählt. „Heinricus maior natu ducatum Bawariae per septem vexilla resignavit. Quibus minori traditis ille duobus vexillis marchiam orientalem cum comitatibus ad eam ex antiquo pertinentibus reddidit. Exinde de eadem marchia cum predictis comitatibus, quos tres dicunt, iudicio principum ducatum fecit". Die Stellen des Minus und des Otto von Freising liessen sich sehr wohl in Einklang bringen, wenn man sich die tres comitatus als die beneficia denkt, quae Leopoldus habebat a ducatu Bawariae.

Allein wo wären diese drei Grafschaften zu suchen? Wir wissen sie für die Zeit des Herzogthums nirgends aufzutreiben, geschweige denn für die Zeit der Markgrafschaft, zu welcher sie von Alters her gehört haben sollen.

Bestimmtere Anhaltspuncte gibt folgende Stelle bei Hermannus Altahensis [1]): „imperator... marchionatum Austriae a iurisdictione Bavariae eximendo et quosdam ei comitatus de Bavaria adiungendo convertit in ducatum iudiciariam potestatem principi Austriae ab Anaso usque ad sylvam prope Pataviam, quae dicitur Rotensala protendendo". Damit stimmt in der Hauptsache Conrad de Wizenberg: „dilatis videlicet terminis a flumine Aneso usque ad fluvium (sic), quae dicitur Rotensala, addito et comitatu Pogen (!)[2]). Auch einige spätere Quellen[3]) haben mit den hier angeführten Stellen die Angabe gemein, dass 1156 das Rotensalet (zwischen Willibald und Peuerbach) die Grenze Österreichs gegen Baiern geworden sei, doch schlägt bereits die Auffassung einer territorialen Abtretung durch, ein Gedanke, welchen Hermann v. Altaich noch vorsichtig vermieden hat.

Die Ausdehnung der babenbergischen Gerichtsgewalt konnte in zweifacher Weise stattgefunden haben; entweder wurde dem neuen Herzog die gräfliche Gerichtsbarkeit in den angrenzenden Grafschaften verliehen oder es wurden die bereits besetzten Grafschaften unter seine herzogliche Gewalt gestellt wie sie bisher unter jener des Baiern gestanden. Da es sich um eine Abtretung von Rechten Heinrich's des Löwen an den Babenberger handelte und jener nicht abtreten konnte, was er selbst nicht besass, so ist nur das letztere anzunehmen. Hiemit lässt es sich sehr wohl vereinbaren, dass die Babenberger erst nach Beerbung der steierischen Ottokare und der Grafen von Rebgau, nach Ankauf der würzburgischen Besitzungen im Lande ob der Enns festen Fuss fassen. Denn die herzogliche Gewalt an sich war zu jener Zeit, wenn sie sich nicht zugleich auf Grundbesitz, Vogteien und andere Momente der Landeshoheit stützte, eine mehr oder minder nominelle Gewalt und mochte es namentlich vor 1156 in dem hier in Frage kommen Gebiete gewesen sein, wel-

---

[1]) Pertz. M. G. XVII. 382.
[2]) Pez scriptores rer. Aust. I, p. 294.
[3]) Vergleiche Pritz, Geschichte des Landes ob der Enns. Linz 1846, I. p. 264, Note 3, 4, 5.

ches durch die immunen Besitzungen Passaus und Salzburgs vom Stammlande der baierischen Herzoge getrennt war.

Übrigens hat sich de facto die herzogliche Gewalt der Babenberger jedenfalls nicht eher über das ganze Gebiet von der Enns bis zum Rotensalet erstreckt, als bis sie nach dem Tode des letzten Ottokar's mit der Steiermark den Traungau erworben hatten. Denn bis zur Erhebung Steiermarks zum Herzogthume scheint Heinrich der Löwe daselbst seine Herzogsgewalt geltend gemacht zu haben, wenigstens ist urkundlich festgestellt, dass er 1176 zu Enns öffentlich Gericht hielt. Nach jenem Ereignisse konnte von einer Abhängigkeit des steierischen Herzogs eben so wenig Baiern als Österreich gegenüber die Rede sein [1]).

Dagegen finden sich für das Gebiet oberhalb des Traungaus allerdings schon vor dem Erlöschen des steierischen Hauses Spuren einer Gerichtsgewalt der Babenberger. So nimmt 1188 Leopold V. das Kloster Wilhering auf Befehl und Verlangen Kaiser Friedrich's I. in seinen Schutz „statuens ut nullus hominum . . . eorum videlicet, qui infra terminos terrae nostrae constituti sunt, fratres . . . . iniuriare presumat". Wenn die termini terrae ducis sich nicht über Wilhering hinaus erstreckten, hatte der Schutzbrief so gut wie keine praktische Bedeutung. Eine solche ist aber gerade im vorliegenden Falle zu vermuthen, da der Schutzbrief „ex mandato simul et petitione Friderici imperatoris" „ad curiam imperatoris" ausgestellt wurde [2]).

---

[1]) Über die Frage der Abtretung Oberösterreichs vergl. Huber: die Entstehungszeit der österreichischen Freiheitsbriefe. Sitz.-Ber. XXXIV. S. 20.

[2]) Zum Jahre 1161 erzählt ein Abt von Wilhering die Geschichte einer Schenkung, welche die Streitfrage entscheiden würde, hätten nicht damals die Herzoge von Baiern und Österreich denselben Namen geführt. Arnoldus de familia Alberti de Berge hatte dem Kloster ein Gut auf den Todesfall geschenkt, ohne die Einwilligung seines Herrn eingeholt zu haben. „Decreto publicorum iudiciorum coram duce et principibus terrae huius abiudicatum est nobis sepedictum allodium". Schliesslich schenkt Adalbert von Berg selbst dem Kloster das streitige Gut. In der Datirung „Heinrico duce." Stülz spricht bei Anführung dieser Stelle ohne weiters vom Herzog von Österreich. Vorläufig halte ich dies nur für wahrscheinlich. Die Herren von Berg sassen in der Riedmarch. Adalbert von Berg findet sich häufig als Zeuge in den Urkunden des Babenbergers unter anderem zweimal im Jahre 1161. Meiller S. 43, N. 51. S. 44, N. 54.

Auf welche Weise nun auch die babenbergische Gerichtsgewalt sich in diesen Gegenden begründet hat, so viel steht fest, dass die Markverfassung auf dieses Gebiet nicht ausgedehnt wurde und daher der Herzog als Gerichtsherr hier eine wesentlich andere Stellung einnahm, als in den Marken.

1192 ertheilt Leopold V., der im selben Jahre die Erbschaft der Traungauer angetreten hatte, dem Kloster Garsten ein Privileg, dessen erster Theil die Vogteiverhältnisse regelt, während der andere die Immunität vom Landgerichte ausspricht [1]). Kein Richter, lautet die Exemtionsformel, weder einer der unseren noch ein fremder masse sich irgend welche Gerichtsbarkeit über die Leute der Kirche an. 1209 verleiht Leopold VI. demselben Kloster die Gerichtsbarkeit, die er auf den Gütern und über die Leute desselben besitzt, indem er die Rechte des Abtes den herzoglichen Richtern gegenüber des näheren bestimmt [2]).

Eine Urkunde für Gleink von 1192 die zwar formell sehr verdächtig ist, aber, was den Inhalt der Immunität betrifft, wörtlich mit der für Garsten von 1192 stimmt, enthält in der Exemtionsformel gleichfalls das eigenthümliche Verbot gegenüber den eigenen und fremden Richtern [3]). Wenn der Herzog einem Richter etwas verbietet, so muss dieser ihm als Gerichtsherrn unterstehen. Wenn er einem fremden Richter etwas verbietet, so kann dies nur ein solcher sein, den

---

[1]) Insuper nullus iudicum secularium tam nostri quam alieni per totas terras nostras ad suum placitum evocent homines dicti monasterii, nec in prediis vel hominibus eiusdem debeat aliquam iurisdictionem habere. U. o. E. II, 434. M. 69, 53.

[2]) M. 103. 83. Die Urkunde ist uns nur in einer lückenhaften Abschrift erhalten. Im Urkundenbuche des Landes ob der Enns suchte ich sie vergebens. Das Regest bei Meiller weist insofern auf eine Eigenthümlichkeit hin, als die violentiae raptarum, deflorationum, oppressionum, quae vulgo Notnunft appellantur, et reliquarum enormitatum ... dem Gerichte der Kirche überwiesen und dann die mit dem Tode zu strafenden Verbrechen von der Competenz desselben ausgenommen werden, während doch jene Fälle sonst regelmässig unter die todeswürdigen Verbrechen gezählt werden. Der Widerspruch löst sich, wenn ich annehme, dass in der Urkunde eine auch sonst vorkommende Scheidung von ventilatio criminis, welche der Kirche zusteht, und executio iudicii, welche der iudex ducis vollführt, beobachtet wird. Ob die Urkunde eine Exemtionsformel enthalte, ist aus Meiller's Regest nicht zu entnehmen.

[3]) Nullus etiam iudicum secularium tam nostri quam alieni in prediis vel hominibus dicti monasterii debet aliquam iurisdictionem habere. U. o. E. II, 438, M. 71, 56. Vergl. Meiller Note 281 und Jodok Stülz über die Gleinker Urkunden (Archiv. Bd. II, 267), der ihre materielle Echtheit zu retten sucht.

er nicht selbst eingesetzt hat. Welche Stellung im vorliegenden Falle die „alieni iudices" einnehmen, erschliesst uns eine Urkunde Friedrich's II. von 1233 (?). Nullique iudicum seu nostrorum seu cuiuscunque de nostris ministerialibus sive in districtu nobilis de Volchinstorf aliquam potestativam exactionem seu iurisdictionem in .... prediis ... liceat exercere¹)." Das Verbot geht also an die von Ministerialen des Herzogs im speciellen Falle an die von Ortolf von Volkersdorf bestellten Richter. Das Verhältniss, in welchem der letztere zum Herzog stand, wird durch die folgenden Urkunden klar gestellt.

Stift Florian besitzt 11 Privilegien aus der Zeit von 1209 bis 1243, welche die gerichtliche Immunität betreffen und unter einander im innigsten Zusammenhange stehen. Das erste von 1209 eximirt die Güter des Klosters am Windberg nördlich der Donau, hätte also eigentlich unter den Exemptionen auf märkischem Gebiete behandelt werden sollen. Um des Zusammenhanges willen setze ich sie hieher. Die Privilegien, welche für das ganze Klostergut ausgestellt sind, scheiden sich in zwei Gruppen. Die eine betrifft sowohl die Immunität vom Landgerichte, als auch die Freiheit von der Vogteigerichtsbarkeit; sie umfasst die privilegia „circa exemptionem ecclesiae a foro secularis iudicii et circa iura advocatiae". Die Urkunden der anderen Gruppe enthalten ausschliesslich Bestimmungen über die Immunität vom Landgerichte, führen jedoch diese des weiteren aus.

Den Anfang macht eine Urkunde Kaiser Otto's IV. vom 21. Mai (1212?), welche die von Leopold VI. vorgenommene Exemtion und

---

¹) Ein anderes ist es, wenn der Herzog befiehlt oder verbietet „universis iudicibus" „omnibus iudicibus in nostrorum ducatuum districtu residentibus" „sub principatu nostro constitutis." Berchtold folgert S. 108 aus dem letzteren Ausdruck in Urk. M. 87, 30 ein Eingreifen des Herzogs in die Jurisdictions-Befugnisse der von den adeligen Gerichtsherren eingesetzten Richter; denn wenn der Herzog allen Richtern verbiete, so verbiete er auch den nicht von ihm bestellten. Dasselbe hätte Berchtold aus der stereotypen Formel „ut nullus iudex" ableiten können! Übrigens handelt M. 87, 30 (für Seckau 1202) nicht von der Immunität des Klostergutes, bezüglich deren Seckau 2 Tage zuvor eine Urkunde erhalten hatte, sondern von dem privilegirten Gerichtsstande des Klosters selbst in Klagen, die das unbewegliche Eigenthum desselben betreffen. Omnibus Iudicibus ... praecipimus, quatenus super praediis iam dictae ecclesiae absque speciali mandato nostro nullius querimoniam audire vel aliquid iudicare presumant, quoniam ecclesiae nobis advocationis iure attinentes praedia sua absque audiencia vel speciali commissione nostra amittere de iure non possunt. Oest. Landesrecht Art. 2 spricht für die Güter von Grafen, Freien und Dienstmannen dasselbe Princip aus.

Kaiser Friedrich II. erneuert und bestätigt 1237 sein Privileg von 1213.

Herzog Friedrich II. bestätigt 1241 die Rechte Florians in allgemeiner Fassung.

Derselbe stellt 1243, 8. December zu Krems zwei Urkunden aus. Die eine enthält in kürzerer Fassung die dem Kloster verliehenen Rechte, Vogtfreiheit, Immunität, Marchfutter, Mautfreiheit, Schenkungsbefugniss für die herzoglichen Ministerialen. Die andere umfasst Vogtfreiheit und Immunität, sowie die letztgenannten Rechte in ausführlicher Darstellung, welche eine Wiederholung des Inhaltes der Leopoldinischen Privilegien ist, in der Weise, dass die Immunität hier ebenso ausführlich behandelt wird wie in den Leopoldinischen Urkunden, welche die Immunität allein betreffen. Somit bildet diese Urkunde gewissermassen den Abschluss der ganzen Reihe, indem sie die Fülle des Details aller früheren in sich vereinigt.

---

6. Leopold VI. 1213. 16. VI. 111, 108. U. o. E. II, 563.
Wien, Immunität allein.
a° inc. dni. 1214, XVI. Kal. Jul. ind. I.
a° regni Rom. Frid. II.
regni Sicilie XV."

7. Leopold VI., 1213. 16. VI. 112, 109. U. o. E. II, 569.
Wien, Immunität und Vogtfreiheit.
a° inc. dni 1215 XVI. Kal. Jul. ind. I.
a° imperii Frid. II.
regni Sicilie XV.

8. Frid. II. imp. 1237. II. Unvollständig bei Huillard Bréholles hist. dipl. Friderici II. Tom. V, Pars I, 20.
Wien,
Enthält das Privileg von 1213. 14. II. mit dessen falschem Datum.

9. Frid. II. dux 1241. 18, I. 165, 73. Stülz Gesch. Florians. 311.
Göttweih.

10. Fried. II. dux, 1243. 8. XII. 178, 126. Ludewig rel. IV, 221.
Krems.

11. Frid. II. dux, 1243, 8. XII. Ludewig rel IV, 223.
Krems.

In paläographischer Beziehung boten mir die angeblichen Originale der Urkunden keinen zwingenden Grund, ihre Echtheit anzuzweifeln. Der juristische Inhalt scheint mir entschieden echt, um so mehr als die Formeln der Immunitätsverleihung fast wörtlich mit jenen der Urkunden für Kremsmünster (1217) und die Ordenscommende zu Gratz (1233) übereinstimmen. Der Styl ist etwas weitläufig und leidet an specifisch klösterlicher Ornamentik. Ich citire im folg. nach den Nummern dieser Note.

Entvogtung bestätigt und offenbar nach einem aus der herzoglichen Kanzlei hervorgegangenen Entwurfe ausgestellt wurde, da sie sich im Ausdruck an das oben erwähnte herzogliche Privileg von 1209 anschmiegt.

Erst nach dieser urkundlichen Bestätigung August desselben Jahres urkundet Leopold VI. über den bereits früher vorgenommenen Exemtions- und Entvogtungsact, und zwar stellt er am selben Tage zwei Privilegien darüber aus, von welchen das eine die Exemtion vom Landgerichte und die Freiheit von der Vogteigerichtsbarkeit zugleich enthält, während das andere nur die Vogtfreiheit und zwar ausführlicher behandelt.

Hierauf folgt eine Bestätigung durch König Friedrich II. vom 14. Februar 1213(?), welche die Urkunde Otto's IV. von 1212 wörtlich ausschreibt. 16. Juli desselben Jahres erneuert Herzog Leopold VI. seine zwei Privilegien vom 8. August 1212, Verstellungen einzelner Sätze ausgenommen, mit Wiederholung des Inhalts.

Sämmtliche bisher angeführte Florianer Urkunden sind unrichtig datiert, und zwar geht die chronologische Verwirrung so weit, dass nicht einmal die Datierungsfehler in den verschiedenen Urkunden systematisch festgehalten werden [1]). Dagegen sind folgende Privilegien richtig datiert:

---

[1]) Die Reihenfolge der Urkunden ist nach Meiller's Datierung folgende:
(Die der Monatszahl folgenden Ziffern weisen auf Seite und Nummer von Meiller's Regesten.)

1. Leopold VI.,   1209, 15. X. 103, 82, U. o. E. II, 511.
   Wien,   Immunität für die Güter am Windberg.
   „aº inc. 1208, id. Oct. ind. III. aº imperii Ottonis I."
2. Otto IV.,   1212. 21. V. 109, 100. U. o. E. II, 547.
   Nürnberg,   Immunität und Vogtfreiheit.
   aº dni 1213, XII. Kal. Junii ind. XV. aº imp. Ott. III.
3. Leopold VI.   1212. 8. VIII. 110, 103. U. o. E. II, 550.
   Enns,   Immunität und Vogtfreiheit.
   aº inc. dni 1213, VI. idus Aug. ind. XV. aº imp. Ott. III.
4. Leopold VI.   1212. 8. VIII. 110, 104. U. o. E. II, 554.
   Enns,   Immunität allein
   aº inc. dni 1213, VI. idus Aug. ind. XV. aº imp. Ott, III.
5. Frid. II. rex.   1213. 14. II. 111, 105.U. o. E. II, 558.
   Regensbg.   Immunität und Vogtfreiheit.
   „aº dni 1215, XVI. cal. Mart. ind. I.
   aº regni Rom. Friderici I.
   ' regul Sicilie XIV."

So weit es sich um die landgerichtliche Immunität handelt, zerfällt der Inhalt der Urkunden in zwei Theile, der erste erzählt das Factum der Exemtion, der zweite erläutert die derselben entsprechenden negativen und positiven Rechte der Kirche. Wir haben es hier nur mit dem ersten zu thun.

Die Exemtion der Güter auf dem Windberge (1209) geht einfach von statten. Der Herzog überträgt dem Kloster die weltliche Gerichtsbarkeit, indem er ein Schwert, das Sinnbild der peinlichen Justiz, auf den Altar des Stiftsheiligen legt. Ein Mandat an die Landrichter bildet den Abschluss [1]).

Abgesehen von dieser Urkunde ist die Erzählung des Herganges der Freiung in den übrigen wesentlich dieselbe, so dass eine gesonderte Behandlung der einzelnen Immunitätsbriefe in dieser Beziehung überflüssig wäre.

In Anbetracht der Bedrückungen, welchen das Kloster von Seite der weltlichen Richter ausgesetzt ist, beschliesst der Herzog die Exemtion desselben zu erwirken. Er stösst auf Widerstand bei den Richtern, welche die Gerichtsbarkeit über die Stiftsgüter ausübten. Diese verlangen Entschädigung für den Entgang des Nutzens, der ihnen bis dahin aus der Gerichtsbarkeit erwuchs und den sie auf jährlich 60 Pfund angeben. Nach langen Verhandlungen, die mit Ortolf von Volkersdorf geführt wurden, kam man auf eine Ablösungsrente von 20 Pfund überein [2]). In den meisten der hierher gehörigen Urkunden wird Ortolf von Volkersdorf allein als der betheiligte Landrichter genannt und einer Mehrzahl von

---

[1]) Omnes Iusticias et obnoxietates, quibus . . . prius erat obnoxia seculari iurisdictione, quae vulgo dicitur Lantchericht, super aram sancti Floriani per oblationem gladii delegavimus, ipsam ecclesiam unacum advocatis . . . exeminus et absolvimus. Decernimus ergo ut ab hac die nostrae constitutionis in antea nulli umquam comproviencialium Iudicum . . . liceat . . . Nr. 1, U. o, E. II, 311. M. 103, 82.

[2]) Pro sua (ecclesiae) liberatione summa diligentia et totis viribus studium nostrum interposuimus. Sed quia plena pacis securitas et liberationis effectus . . . aliter confirmari non poterat nisi . . . pro emolumento, quod . . . iudices de prediis et hominibus ecclesiae annuatim consequebantur equa eis fieret recompensatio, quod ipsi ad estimationem LX librarum conputandam decertabant; nos ergo . . . multa deliberatione habita decrevimus de prediis ecclesiae ad annuam pensionem XX librarum sepedictis iudicibus cum omni iure proprietatis conferri . . . Igitur . . . omnibus declaramus quod Ortolfus de Uolchinstorf ministerialis noster, iudex provinciae, cum quo omnia ista tractata sunt, decretum nostrum super his libenter acceptavit et iurisdictionem . . . resignavit. Nr. 4. U. o. E. II, 554. M. 110, 104.

judices keine Erwähnung gethan. Wenn in Nr. 4 (M. 110. 104), wo die Vorverhandlungen am ausführlichsten erzählt werden, zu Eingang der Urkunde von mehreren Richtern die Rede ist, so geschah dies, weil man vielleicht Ortolf nicht direct bezeichen wollte — die judices werden in diesem Urkunde nicht gerade in der schmeichelhaftesten Weise eingeführt — oder weil seine Unterrichter mit inbegriffen wurden.

Ortolf (iudex provinciae, in qua eadem ecclesia sita est) hatte das Landgericht von Otto von Lengenfeld, dem Domvogte von Regensburg, dieser von Herzog Leopold zu Lehen. Der complicirte Ablösungsmodus, der zur Anwendung kam, erklärt sich aus der doppelten Aufgabe, einerseits eine jährliche Rente von 20 Pfund zu constituiren, anderseits die Rechte aller Lebensinteressenten zu wahren [1]).

Die Kirche kauft von Ortolf Eigengüter desselben, die einen jährlichen Ertrag von 20 Pfund abwerfen, um die Summe von 350 Pfund, die zu nicht ganz 6 Procent. (5$^5/_7$ Proc.) capitalisirte Rente von 20 Pfund. Das Stift tradiert diese Güter dem Herzoge, welcher damit den Domvogt von Regensburg belehnt, während dieser sie den Ortolf verafterleiht.

Parallel mit dieser Reihe von Belehnungen läuft eine Reihe von Auflassungen. Ortolf lässt die Gerichtsbarkeit auf in die Hände des Domvogtes, dieser in die Hände des Herzogs, von dem sie beide zu

---

[1]) Otto prepositus ecclesiae, ut . . . eximeret, Ortolfo . . . trecentas quinquaginta libras . . . persolvit. Ortolfus presente Heribordo fratre suo et consentiente praedia sua in Grvonnowe et Laimperge . . ad estimationem annuae pensionis XX librarum cum iure proprietatis pro trecentis quinquaginta libris sibi datis prefatae ecclesiae contulit et sic tandem idem Ortolfus omne ius, quod in praediis et hominibus eiusdem ecclesiae ratione secularis iudicii habuit . . . tuomadvocato Ratisponnensi et tuomadvocatus nobis resignavit. Praefata itaque ecclesia praedia, quae sibi ut supradiximus Ortolfus de V. dedit, nobis in concambium nostri iuris secularis iudicii cum omni proprietate contulit, quibus et nos tuomadrocatum infeudavimus et ille Ortolfum de V. in recompensationem secularis iudicii eisdem praediis infeudavit. Nr. 7. U. o. E. II, 569. 570. M. 112, 109.

Aus dem ganzen Hergange, namentlich aber aus der Stelle „nobis in concambium — iudicii" folgt, dass der Landrichter Ortolf das Landgericht als Afterlehen vom Herzog inne hat. Hiemit fällt Berchtold's Vermuthung „Ortolf sei Inhaber der Gerichtsbarkeit zu eigenem Rechte gewesen und die Obergerichtsbarkeit des Herzogs habe sich diesem Ministerialen und Landrichter gegenüber auf die blosse Verleihung des Bannes beschränkt". Trotzdem bleibt es richtig, dass Ortolf „kein blosser Beamter des Herzogs gewesen ist". Berchtold, Landeshoheit p. 167.

Lehen hatten. Der Herzog schenkt sie dann dem Kloster per gladii oblationem, das er ausserdem cum donatione scuti entvogtet [1] (der Schild ist das Sinnbild der Vogtei [2]). So hat denn der Herzog für seine Lehensherrlichkeit am Landgerichte die Lehensherrlichkeit an den früheren Alloden Ortolf's; in gleicher Weise ist der Domvogt als Afterlehensherr entschädigt. Ortolf hinwiederum besitzt an Stelle des Gerichtslehens seine früheren Allode als Afterlehen, abgesehen von den 350 Pfund, die er für den Verkauf derselben erhalten. Nach der Strenge des älteren Rechtes hätte die Reihe der Auflassungen bis zum Kaiser hinaufreichen, die Reihe der Belehnungen von ihm ausgehen sollen. Dass dies nicht geschah, zeugt von der eingetretenen Wirkungslosigkeit der Grundsätze über das Gerichtslehen, wie nicht minder der Umstand, dass Ortolf das Landgericht in der vierten Hand hatte — die des Kaisers mitgerechnet.

Doch wird die Person des Kaisers nicht gänzlich umgangen. Otto IV. stellt seine Exemptionsurkunde früher aus als Leopold VI. Um so auffallender ist es, dass der Kaiser nur bestätigend auftritt „omnibus innotescere volumus quod ecclesia per providentiam iam dicti principis (Leopoldi) ... taliter est exempta. Darauf folgt die Erzählung des bei der Exemtion beobachteten Vorganges ... „Nos igitur totam istius facti seriem ratam habentes ... ecclesiam ... imperiali auctoritate eximentes absolvimus et liberam esse statuimus". „Imperiali auctoritate et nostra liberavimus" sagt Leopold in Florian Nr. 4. In Fl. Nr. 6 beruft er sich auf die Bestätigungen Otto's IV. und Friedrich's II. Der Widerstand, welchen der Herzog bei Exemption des Stiftes zu überwinden hatte, die Opfer, um welche dieses die Immunität erkaufte, erklären es zur Genüge, dass man in diesem Falle die königliche Bekräftigung eines an sich giltigen Rechtsgeschäftes nachsuchte.

---

[1] Stift Florian tradiert die gekauften Güter dem Herzog, dieser belehnt damit den Domvogt, dieser Ortolf. Ortolf lässt die Gerichtsbarkeit dem Domvogt auf, dieser dem Herzog, dieser verleiht sie dem Stift Florian.
   In Bezug auf die Güter beginnt die Reihe der Rechtsgeschäfte mit Florian und schliesst mit Ortolf, in Bezug auf die Gerichtsbarkeit beginnt sie mit Ortolf und schliesst mit Florian. Der einleitende Kaufvertrag steht ausserhalb dieses Ringes.
[2] Vergl. Leop. VI. für Victring in Kärnthen. M. 91, 46. Archiv VI, 307, Nr. X: „tuicionis nostrae sculum;" ebenso Frid. II. dux für Victring M. 163, 63; Leop. VI. für Seckau M. 87, 4: „clipeo protectionis nostrae" u. s. m.

Auf ähnliche Weise ging 1217 die Befreiung des Klosters Kremsmünster vor sich. Der Hergang wird nicht so ausführlich geschildert wie in den Florianer Urkunden. Die Kirche zahlt Ortolf von Volkerstorf durch Vermittlung des Herzogs 400 Pfund. Ortolf lässt sein Recht dem Domvogte, dieser dem Herzoge auf, der dann die Gerichtsbarkeit durch Hingabe des Richtschwertes dem Schutzheiligen des Klosters, Agapitus überträgt [1]). Während den Leopoldinischen Urkunden für Florian die königliche Bestätigung vorausgeht, also gewissermassen sich zwischen das actum und datum derselben hineinschiebt, folgt sie bei der Exemtion Kremsmünsters der herzoglichen Beurkundung nach. Auch sonst unterscheidet sich das Privileg K. Friedrich's II. von 1217 von den königlichen Bestätigungsurkunden für Florian. Diese schmiegen sich dem Wortlaute nach an die herzoglichen Privilegien an, jenes gibt nur ein kurzes Resumé der vom Herzoge verliehenen Rechte [2]).

Wilhering besitzt eine undatierte Urkunde Herzog Friedrich's II. die Meiller in's Jahr 1241 setzt, worin die Leute des Stiftes vom Besuche der Landdinge eximirt werden, sie müssten denn diese freiwillig suchen [3]). 1241 erlangt Wilhering unbeschränkte Immunität

---

[1]) Ecclesia Ortolfo . . . CCCC libras . . . nobis mediantibus persolvit et idem Ortolfus omne ius, quod in praediis et in hominibus eiusdem ecclesiae ratione iurisdictionis saecularis habebat, Ottoni tuomadvocato Ratisponensi et ille nobis, uterque manu ad manum resignavit. U. o. E. II, 389. M. 119, 141.

[2]) Praefatus dux . . . a saeculari iudicio exemit adeo quod, Ortolfus de V., qui fuit iudex provinciae . . . resignaret iudicium illud in manus Ottonis Ratisp. ecclesiae advocati, a quo tenebat in feodo, idemque advocatus resignaret illud manibus ducis . . . dux . . . glorioso Christi martyri Agapito auctoritate nostra assignaret U. o. E. II. 591, M. 121, 146.

[3]) Homines claustri exemptos esse volumus a generalibus placitis seu privatis nisi propria venerint voluntate. Stülz Gesch. d. Cistercienserklosters Wilhering Linz 1840 p. 514. Das Datum, welches Meiller (163, 75) dieser Urkunde giebt, scheint mir nicht unglücklich gewählt. 1237 II. verleiht Kaiser Fried. II. Wilh. ein Privileg, welches wörtlich mit einer Urkunde vom Jänner desselben Jahres für Heiligenkreuz stimmt und über Vogteiverhältnisse handelt, ausserdem aber noch den Zusatz enthält: ut homines (monasterii) sive coloni per nullum iudicem saecularem etiam per aliquem advocatum ad communia vel privata placita, nisi per se venire voluerint aliquatenus compellantur. H. Friedrich II. erneuerte in den Jahren nach Wiedererlangung seines Herzogthums mehrere Privilegien K. Friedrich's; in welcher Art wird unten erörtert werden. Auch das später zu erwähnende Verhältniss der Eingangsworte lässt darauf schliessen, dass das königliche Privileg bei Ausfertigung des herzoglichen bereits vorlag, das letztere also nach 1237 zu setzen sei.

vom Landgerichte. Kein herzoglicher noch ein anderer Richter u. s. w. soll fürderhin in des Herzogs oder in fremdem Namen über Güter und Leute des Klosters richten ¹).

Die Immunitätsverleihungen, die ich in dieser Gruppe zusammenfasste, haben das Gemeinsame, dass nach der Mehrzahl der Urkunden zu schliessen der Herzog nicht blossen Gerichtsbeamten sondern selbstständigeren Gerichtsvasallen und deren Unterrichtern gegenüber steht, welche letztere nicht von ihm eingesetzt wurden.

Es kommen schliesslich die Klöster ausserhalb der babenbergischen Lande zur Sprache, deren innerhalb der Herzogthümer gelegene Besitzungen von den Babenbergern eximirt wurden.

1164 befreit Herzog Heinrich II. Neustift bei Freising von der öffentlichen Gerichtsbarkeit. Auf diese und nicht auf vogteiliche Gerichtsbarkeit muss die Exemtion sich bezogen haben, da die zwei anderen öffentlichen Lasten von derselben ausdrücklich ausgenommen wurden ²). Unzweifelhaft hängt diese Exemtion mit der Reise zusammen, die der Bischof von Freising 1164 zu Herzog Heinrich unternahm. Dass Neustift 1164 vom Herzoge, nicht auch wie das Bisthum Freising 1189 vom Kaiser eximirt wurde, dürfte bestätigen, was oben über letztere Exemtion gesagt worden.

1181 erlässt Herzog Leopold V. dem Spital S. Egid bei Passau seine Rechte über drei Mansen desselben zu Hohenwart, und verbietet seinen Amtleuten und Büttelen auf denselben irgend eine Gewalt sich anzumassen ³). Nach dem Contexte der Urkunde vermuthe

---

¹) Ut nullus nostrorum iudicum vel aliorum officialium seu praeconum quicquam iuris . . . de cetero nostro aut alieno nomine vendicare debeat in eisdem (praediis) . . . fur nostro iudici vel aliorum, in quorum ditione maleficia perpetrantur, debea(n)t perpetrari. Stülz Wilhering 516, 90. M. 168, 90.
  Wahrscheinlich handelte es sich um die Exemtion von der Gerichtsgewalt des Albero von Pollenhaim, den Kaiser Fried. II. 1237 20. Febr. brieflich „iudex provincialis" nennt und zum defensor und executor Wilherings bestellt.

²) Praeposito Hermanno remisimus quasdam iusticias in prediis suis, in ducatu et marchia nostra sitis, ex consilio fidelium et officialium nostrorum videlicet Matfridi et aliorum, qui tunc presentes erant: statuentes ut nihil exigatur . . excepta nuda iusticia illa videlicet, quae dicitur marchmutte, et illo servicio, qui vocatur purchwerck, excludentes omnino omnes alias exactiones videlicet placitorum, iudiciorum, praepositorum (praefectorum?) et preconum peticiones et pernoctationes. M. B. IX, 507. M. 46, 63.

³) Ius nostrum, quod in tribus eorum mansibus Hohenwarte sitis habebamus . . . penitus ipsis indulsimus statuentes ut nullus ammannorum et preconum in eisdem

ich, dass sie einen Verzicht auf herzogliche Vogtrechte enthalte. Nicht viel bestimmter lautet eine Urkunde Herzog Friedrich's II. von 1241 für dasselbe Spital [1]).

Kloster Formbach hatte von Herzog Ottokar VI. ein halbes Dorf erhalten, mit der letztwilligen Verfügung, dass es frei sein solle von allen Lasten anlässlich der öffentlichen Gerichtsbarkeit, von allen Abgaben an die Landesbeamten, frei von allem Vogtrechte [2]). Nachdem Leopold V. das Herzogthum Steier angetreten, publicirte, erfüllte und beurkundete er diese Verleihung (1194). 1210 bezeugt Leopold VI., dass sein Vater dem Kloster Formbach den Markt Herzogenburg tradirt und bestimmt habe, es dürfe darin nur der vom Abte eingesetzte Richter gerichtliche Rechte ausüben [3]).

1204 beurkundet Leopold VI., es habe Abt Manegold von Tegernsee vor seinem Vater durch Zeugen nachgewiesen, dass er auf den der Abtei von König Heinrich II. geschenkten Gütern geeignete Richter zu bestellen befugt sei, welche nach Belieben des Abtes von den österreichischen Herzogen ein- und abzusetzen seien [4]). Aller Wahrscheinlichkeit nach handelte es sich hier um Bestätigung der freien Wahl von Gerichtsvögten, die in der Regel aus ihren Ämtern erbliche

---

ipsorum mansibus quicquam habeat potestatis aut aliquid unquam exerceat violentiae vel exactionis. M. B. XXIX b, 277. M. 58, 13.

Berchtold führt diese Urkunde, vermuthlich auf Grund des Meiller'schen Regests als Beispiel einer gerichtlichen Exemtion an, daher ich sie nicht stillschweigend übergehen wollte.

[1]) M. B. XXIX b, 288. M. 167, 86.

[2]) Ottacarus contulit ... dimidiam villam ... eo iure ut penitus libere ab omni exactione iudicii et officialium provinciae et iure advocati ... administretur. M. B. IV 94. M. 70, 54.

[3]) Statuit quoque (pater meus) ut iudex ab abbate ... constitutus omnem iustitiam iudicii ibidem libere et nullo contradicente exequi debeat. M. B. IV, 130. M. 105, 89.

[4]) Manegoldus ... sufficienti testimonio comprobaverat quod ... abbates iudices sibi utiles in eisdem praediis ordinent et provideant, qui a principibus Austriae ad arbitrium abbatum instituantur et destituantur, M. B. VI, 202. M. 93, 51.

Wie ich diese Urkunde auffasse kam durch dieselbe der Herzog dem Abt gegen einen widerspenstigen Vogt zu Hilfe. Berchtold führt auch diese Urkunde an als Beleg für die Eingriffe der Herzoge in fremde Jurisdictionsbefugnisse: „Ja es scheint, als ob die Herzoge sich gelegentlich auch das Recht vindicirt haben, alle Richter im Lande selbst zu ernennen", p. 168. Dies zu vermuthen gibt gerade diese Urkunde nicht den geringsten Anhaltspunkt. Von einer „besonderen Gnade", aus welcher die Richter vom Herzoge nur mit Willen der Äbte eingesetzt werden sollten, weiss das Privileg nichts.

Leben zu machen suchten. Als Obervogt hatte der Herzog die Untervögte ein- und abzusetzen, im vorliegenden Falle auf Vorschlag des Abtes. Urkunden ähnlichen Inhaltes mit bestimmter Hinweisung auf das Recht die Untervögte zu wählen finden sich in Hülle und Fülle.

Kloster Prüvning [1]) bei Regensburg wird von Herzog Friedrich II. 1240 zum Ersatz des Schadens, den es unter seinem Vater Leopold in alienationibus praediorum suorum seu advocatiis erlitten, von der Vogtei und allen Abgaben an die herzoglichen Richter befreit. Ich lasse es dahin gestellt, ob hier neben der Entvogtung auch eine Exemtion von der öffentlichen Gerichtsbarkeit vorliege.

So weit die in dieser Gruppe behandelten Urkunden eigentliche Exemtionen enthalten, treten die Verhältnisse zu Tage wie bei den Exemtionen der Klöster auf märkischem Boden.

Die Reihe der herzoglichen Exemtionen ist hiemit erschöpft. Der König tritt bei den Immunitätsverleihungen dieser Periode dem Herzoge gegenüber sehr in den Hintergrund. Eine Exemtion von Seite des Königs ohne Zustimmung des Herzogs ist mir nicht bekannt. Die Exemtionen Passau's und Freising's, sowie die königlichen Bestätigungen für Florian, Kremsmünster und Lilienfeld wurden bereits erörtert. In älterer Zeit hatte die Aufnahme von Kirchen in den königlichen Schutz die Immunität selbstverständlich zur Folge [2]). Um die Stellung des Königs zum Herzog auch nach dieser Seite in's Licht zu setzen, gilt es, die königlichen Schutzbriefe dieser Periode in Betracht zu ziehen. Da sind denn vor allem die Klöster des Cistercienserordens zu berücksichtigen, der im Reiche ein eigenthümliches Vorrecht genoss [3]). Nach den Ordensregeln sollten sie vogtfrei sein, nach einem urkundlich oft erwähnten Grundsatz nur unter der Schutzvogtei des Königs stehen [4]). In Österreich scheinen die Landesfürsten dies Recht des Königs für sich in An-

---

[1]) In emendationem dampni illati ab omni advocatia et exactione iudicum nostrorum praeter iudicia sanguinis sepefata praedia eximentes. Archiv f. K. oest. G. Qu. VI, 315, M. 164, 72.

[2]) Immunität und Mundium, ursprünglich geschieden, hatten sich unter den Karolingern derart verbunden, dass eins das andere bedingte.

[3]) Ficker Reichsfürstenstand 326, N. 226.

[4]) Urkunde des Bischofs von Bamberg für Wilbering von 1154: monachi cisterciensis ordinis secundum libertatem, quam privilegia Romanorum pontificum eorum ordini concedunt, ut videlicet nullum habeant advocatum praeter Romanorum imperatorem et — episcopum Babenbergensem. U. o. E. II. 273.

spruch genommen zu haben. Eine Urkunde Leopold's VI. für Baumgartenberg vom 31. Jan. 1209 [1]) enthält die bezeichnende Stelle: constat enim et in placito nostro Mutarn ex sententia perquisitum atque inventum est omnes cysterciensis ordinis monachos tale ius ex antiquo habere ut nec ipsi nec ipsorum praedia ulli advocato quicquam solvere debeant, sed neque advocatum eis habere liceat nisi defensorem principem ipsum, qui caput est terrae, in qua quique eorum degunt. In der königlichen Bestätigung der Immunität Lilienfelds von 1217 geschieht einer obersten Schutzvogtei des Königs keine Erwähnung. Dagegen nimmt Kaiser Friedrich II. im August 1227 zu Melfie die vier Cistercienserklöster der Mark, Heiligenkreuz, Lilienfeld, Baumgartenberg und Zwettl in seinen und des Reiches besonderen Schutz und bestätigt die von seinen Vorgängern oder anderen Reichsfürsten verliehenen Rechte [2]). Quibus illud addicimus et imperiali sanctione statuimus quod, sicut ordo Cisterciensis ab exordio suae institucionis nullis unquam fuit obnoxius advocatis, ita predicta monasteria..ab omni advocatorum ratione..sint liberae tam communi ordinis libertate quam presenti nostra constitucione et confirmatione exemptae. Da es häufig zu geschehen pflegte, dass man bei Schenkungen an Klöster sich die Vogtei über die geschenkten Güter vorbehielt, so wird bestimmt: quodcunque praedium nostris monasteriis ...fuerit in helemosinam datum aut aliis iustis modis acquisitum, imperiali tuicioni eo ipso subiacebit, quo vestrum esse coepit. Schliesslich wird den Klöstern das Recht ertheilt, sich einen „defensor" zu wählen [3]), der sich jedoch durchaus keine Gerichtsbarkeit anmassen darf und sein Amt „vicis nostrae execulionem" weder zu Lehen noch erblich innehaben soll und welchen die Klöster entfernen können, si immunitatis . . . . privilegium infringere aut evacuare voluerit.

Noch schärfer tritt der Gegensatz der herzoglichen und königlichen Ansprüche hervor, wenn man die Arengae folgender zwei Urkunden für Wilhering vergleicht.

---

[1]) U. o. E. II, 518. M. 100, 73.
[2]) Quaecunque iura, quaecunque exemtiones, libertates a felicibus imperatoribus predecessoribus nostris vel ab aliis imperii principibus rationabiliter sunt collata vel iuste de cetero conferantur. Fontes rer. Aust. II, p. 68.
[3]) Quia remoti a nobis maiestatis nostrae praesentiam adire — non valetis.

K. Friedr. II. 1237: cum idem ordo (Cisterciensis) praeter Romanorum imperatorem nullum prorsus habere debeat advocatum, abbatem... sub nostra et imperii protectione recipimus speciali mandantes ut... ¹).

Herzog Friedrich II. (undatirt): cum ordo Cisterciensis alium praeter nos habere non debeat advocatum, ipsos fratres... in protectionem nostram et gratiam nostram recipimus specialem mandantes districte ut.... ²).

Obwohl die angeführten Stellen nicht die Immunität vom Landgerichte, sondern die Vogteifreiheit betreffen, so dienen sie doch im Allgemeinen zur Charakterisirung des Verhältnisses, in welches König und Herzog in gegenseitigem Wetteifer sich zu den Cistercienserklöstern stellten. Es involvirt die oberste Schirmvogtei das Recht, die Ausübung der Vogteigerichtsbarkeit zu verbieten und wird dieses Recht nicht wie sonst auf irgend einen bestimmten privatrechtlichen Erwerbungsgrund der Vogtei, sondern auf die oberste Reichs- auf die oberste Landesgewalt zurückgeführt. Die Vogtei des Landesfürsten hat somit hier einen öffentlichen Charakter, den sie sonst nicht, wenigstens nicht in diesem Grade hat. Anderseits spielen die königlichen Schutzbriefe für die Cistercienserklöster eine andere Rolle, als sonst die königlichen Schutzbriefe dieser Zeit. Jene schliessen die Vogtei des Landesherrn aus und haben die Immunität von der öffentlichen Gerichtsbarkeit wenn auch nur theilweise zur Veraussetzung. Sonst berührt die Aufnahme in den Königsschutz nicht einmal die bestehenden Vogteiverhältnisse, geschweige denn die Immunität. Die königlichen Schutzbriefe dieser Periode sind im allgemeinen kaum mehr als Bestätigungen der den Kirchen bereits zustehenden Rechte und Confirmationen ihres jeweiligen Gütercomplexes. Es ergibt sich dies schon aus den mehr oder minder stereotypen Schutzformeln. So lautet z. B. ein Schutzbrief K. Friedrich's II. für Waldhausen von 1213: „monasterium... in specialem regiae maiestatis protectionem accepimus, ita quod, si quis idem monasterium indebite molestare praesumpserit, curiam nostram se noverit offendisse ³).

---

¹) J. Stülz, Wilhering 507. Huillard Bréholles T. V. P. I, 21.
²) Siehe oben: S. 365, Note 3.
³) U. o. E. II, 562. Vergleiche den Schutzbrief K. Friedr. II. für Melk (1232) bei Huillard Bréholles histor. dipl. Friderici II. Tom. IV, Pars I, p. 292.

Von einem anderen Gesichtspuncte aus ist die Thätigkeit aufzufassen, welche Kaiser Friedrich II. in der kurzen Zeit entwickelte, als ihm nach Ächtung Herzog Friedrich's II. die Herzogthümer Österreich und Steyer ledig waren. Er nimmt Göttweih, Lambach, Seitenstetten, Heiligenkreuz in seinen Schutz, erneuert und erweitert für das letztgenannte Kloster das Privileg, welches er 1227 den vier Cistercienserstiftern verliehen hatte, stellt Wilhering eine Urkunde gleichlautenden Inhalts aus, indem er ausserdem dessen Leute von Land- und Vogtding eximirt (vergl. oben S. 365, Note 3), bestätigt das herzogliche Privileg für das Schottenkloster von 1181 und seine Urkunde für Florian von 1213 [1]).

Aus dem Verhältnisse, in welchem der Kaiser zum Herzoge stand, erklärt es sich, dass jener in seinen Bestätigungsurkunden jede formelle Anerkennung von Regierungshandlungen seines Gegners vermied, dass er in seinen Privilegien auf die Zustände unter Leopold VI. zurückging und Rechte und Freiheiten erneuerte, wie sie unter Leopold V. bestanden hatten. [2]) Daraus lässt sich aber nicht etwa der Schluss ziehen, als habe der Kaiser die Exemtionen und Verleihungen Herzog Friedrich's als ungiltig betrachtet. Ein Privilegium, welches Kaiser Friedrich II. dem deutschen Orden gibt, stimmt mit Veränderung von Namen und Titel fast wörtlich mit der Urkunde, die H. Friedrich der Ordenscommende zu Gratz ausgestellt hatte, allein der Verfügung des Herzogs wird nicht gedacht [3]).

Bemerkenswerth ist die Hast und Eile, mit der alles zum Kaiser strömt, um sich Babenbergische Privilegien bestätigen zu lassen. Mochte man vielleicht dennoch Zweifel hegen, ob der Nachfolger des geächteten Herzogs, als welchen den Kaiser selbst zu betrachten man guten Grund hatte, sich an die Verleihungen der Babenberger werde gebunden halten? Der Kaiser bestätigte die Privilegien und mit den Privilegien auch das herzogliche Recht, sie zu verleihen.

Eine andere Frage, die sich hier aufdrängt, ist die, ob Herzog Friedrich II. nach Wiedereroberung seiner Lande die kaiserlichen

---

[1]) Florian N. 8.
[2]) Vergl. Siegel a. a. O.
[3]) Huillard Bréholles V. I. 26. Fröhlich II, 181.

Verleihungen als rechtlich bindend anerkannte. Die vielen Bestätigungen des Kaisers, dahin auch die Schutzbriefe zu rechnen, kommen hier nicht in Betracht. Für den deutschen Orden stellt Herzog Friedrich II. 1239 ein umfassendes Privilegium aus „post compositionem et concordiam inter dominum nostrum imperatorem et nos sollemniter celebratam. [1]) Auf K. Friedrich's Privileg wird darin nicht Bezug genommen wohl aber (wie zur Vergeltung) auf die unter Leopold VI. dem Orden zustehenden Rechte. Die zwei Entvogtungsbriefe für Wilhering und Heiligenkreuz, welche diese Cistercienserklöster von jeder andern als der kaiserlichen Vogtei befreien (ein Princip, welches Herzog Friedrich II. schon früher nicht anerkannt hatte), mögen ein ähnliches Schicksal erlitten haben wie die kaiserliche Handveste, durch die Wien zur reichsunmittelbaren Stadt war erhoben worden. Kaiser Friedrich II. hat übrigens sowohl den Freiheitsbrief für Wien, als die Privilegien für die Cistercienserklöster stillschweigend zurückgenommen, als er nach Beilegung des Streites dem Herzoge das Minus bestätigte, welches, wie wir gesehen, jede königliche Befreiung von der Zustimmung des Herzogs abhängig machte.

Werfen wir einen Rückblick auf die Exemtionen der Periode von 1156—1246 und fassen wir die vier von vorneherein aufgestellten Entwicklungsstadien in's Auge, so ergibt sich folgendes Resultat:

1. Ein Exemtionsrecht des Königs ohne Einwilligung des Herzogs hat nicht mehr bestanden. Der Gedanke an ein solches ist schon durch den Wortlaut des Minus ausgeschlossen. Königliche Schutzbriefe sind ohne Einfluss auf die Immunitätsverhältnisse. Die ausschliessliche Vogtei des Königs über die Cistercienserklöster haben die Babenberger weder in Praxis noch in Theorie anerkannt.

2. Der König eximirt mit Zustimmung des Herzogs in zwei Fällen, welche die Immunität reichsunmittelbarer Bisthümer

---

[1]) Hormayr, Wien. II. II. Urk. pag. 60. Nr. 222. M. 159, 50.

betreffen. Die Einwilligung des Herzogs tritt nicht etwa erst nachträglich hinzu, vielmehr bildet die Auflassung der Gerichtsbarkeit von Seite des Herzogs die nothwendige Voraussetzung der königlichen Immunitätsverleihung. Dass die Übertragung der Gerichtsbarkeit an die Pfaffenfürsten durch die Hand des Königs ging, dürfte nicht sowohl in der staatsrechtlichen Stellung des Landesherrn zum König, als in der Überordnung der Pfaffenfürsten über die Laienfürsten begründet sein, mit der sich die landesfürstliche Exemtion reichsbischöflichen Gutes nicht wohl vertrug.

3. Eximirt der Landesherr selbst, so tritt die königliche Bestätigung ausnahmsweise, und zwar erst nachträglich hinzu und lässt sich in den einzelnen Fällen auf Gründe besonderer Art zurückführen, nach welchen sie nicht als wesentlich zur Giltigkeit sondern nur als zweckmässig zur Bekräftigung der herzoglichen Exemtion erscheint.

4. Die selbstständige und ausschliessliche Exemtion durch den Herzog bildet die Regel. In den Marken genügt zur Exemtion ein Mandat des Herzogs an die von ihm bestellten Amtsrichter. In den Gebieten mit Grafschaftsverfassung scheint die Zustimmung und Entschädigung der Gerichtsvasallen nöthig, welche die Gerichtsbarkeit in letzter Hand haben.

In welcher Weise hat dieses herzogliche Exemtionsrecht sich gebildet? Auf unmittelbare königliche Verleihung lässt es sich mit Sicherheit nicht zurückführen. Am natürlichsten erklärt sich eine gewohnheitsrechtliche Ausbildung desselben. Der Herzog nahm wiederholt selbstständige Exemtionen vor, ohne dass von Seite des Königs Einsprache geschah, so dass dieser sich an seinem Rechte verschwieg, die Exemtionen von seiner Einwilligung abhängig zu machen, und nicht umhin konnte, des Herzogs einseitiges Exemtionsrecht gelegentlich anzuerkennen.

Dass der Herzog in so selbstständiger Weise über seine Gerichtsbarkeit verfügen konnte, lag in den factischen Verhältnissen begründet, erklärt sich aus der politischen Machtstellung der Babenberger nach aussen, aus der straffen Gerichtsgewalt derselben nach innen, in soferne zu Folge dieser Umstände ein selbstständiges Vorgehen des Herzogs nichts auffälliges an sich trug und in der Natur der Dinge zu liegen schien.

Die Stelle des priv. minus über die Gerichtsbarkeit beseitigte nur das einseitige Exemtionsrecht des Königs. Nachdem einmal die Mitwirkung des Herzogs gesetzliches Erforderniss geworden war, wandte man sich natürlicher Weise früher an den in nächster Nähe befindlichen Herzog als an den fernen König, um die gewünschte Immunität zu erlangen. Dass aber das einseitige Exemtionsrecht des Königs nicht einem beschränkten Exemtionsrechte des Herzogs Platz machte, sondern dieser in das volle Recht des Königs eintrat, ermöglichte die Stellung, welche die Babenberger durch das Minus im allgemeinen erlangten, namentlich die unbedingte Erblichkeit des Herzogthums, die eine Annullirung der Exemtionen durch den Nachfolger nicht befürchten liess.

Anderseits behielten die Herzoge innerhalb der Marken die markgräfliche Gewalt, die sich nicht sowohl durch Unabhängigkeit nach oben als durch Straffheit nach innen charakterisirte. So blieben sie Fürsten und Grafen in einer Person, während sonst in der Regel die Fürsten die Grafschaften weitergeliehen hatten und die Grafen aufhörten Fürsten zu sein. Bei der unmittelbaren Abhängigkeit der richterlichen Beamten war ein Widerstand derselben gegen die herzoglichen Exemtionen undenkbar, ein Widerstand wie er in den Gebieten ohne Markverfassung sich allerdings fand und die Bestätigung der Exemtion durch den König räthlich erscheinen liess.

Für die staatsrechtliche Stellung der österreichischen Landesfürsten war es von hoher Bedeutung, dass das Exemtionsrecht des Königs auf den Herzog überging, denn die königliche Immunität hatte Reichsunmittelbarkeit zu Folge, während die Kirchen, die der Herzog freite, landsässig blieben. In den meisten der übrigen Reichslande waren durch zahlreiche Exemtionen die grossen Amtssprengel zerstückt, auf deren Trümmern die Landeshoheit sich erhob. In langwierigen Fehden mussten die Landesherrn die vielen exterritorialen Gewalten innerhalb ihrer Gebiete unterdrücken, ehe die Territorien sich einigermassen abrundeten. Österreich blieb diese Übergangsperiode erspart. Es trat unmittelbar aus der Reihe der alten Amtssprengel in die Reihe der Reichsterritorien, eine zusammenhängende, in sich abgeschlossene Ländermasse; daher das natürliche Schwergewicht, mit welchem diese Grenzlande auf die Wagschale der politischen Ereignisse Deutschlands drückten.

Anhang. Die Immunität.

Eigentlich wäre hiemit die Aufgabe dieser Abhandlung erschöpft, die nur die staatsrechtliche Seite der Immunitätsverleihungen in Betracht zu ziehen hat, in sofern sie für das Verhältniss des Landesherrn zum König einerseits, zu seinen Richtern andererseits massgebend sind. Allein die Bedeutung des Exemtionsrechtes wird zum Theil erst durch die Wirkungen klar, welche die Exemtion hervorbrachte und daher scheint es mir geboten, anhangsweise über das dadurch begründete Rechtsverhältniss, die Immunität, eine kurze Skizze zu geben.

Bekanntlich hat die wissenschaftliche Controverse über Entstehung und Bedeutung der Immunität die divergierendsten Ansichten zu Tage gefördert. Wenn es schon im hohen Grade schwierig ist, in dieser Frage für die ältere Zeit, die so oft und so gründlich behandelt worden, zu einem sicheren Resultate zu gelangen, so fehlt es vollends für das Stauffer'sche Mittelalter, bis zu welchem die Specialuntersuchungen über die Immunität noch nicht vorgedrungen, an jedem festen Anhaltspuncte.

In ihrem ersten Stadium bestand die Immunität darin, dass dem öffentlichen Beamten nicht gestattet war, die Güter des eximirten Gebietes zu betreten (Verbot des introitus), daselbst gerichtliche Handlungen vorzunehmen und was damit zusammenhing, Friedensgelder zu erheben, Bürgen zu nehmen, Herberge zu begehren oder sonst wie Abgaben zu fordern (Verbot der exactiones). Er durfte die Leute des Immunitätsherrn nicht unmittelbar vor sein Gericht laden (Verbot der districtio); die Ladung ging an den Immunitätsherrn, der den Geklagten durch seinen Vogt stellen oder vertreten liess [1]).

In einzelnen Fällen wurden die Einkünfte aus der Gerichtsbarkeit ganz oder theilweise der eximirten Kirche geschenkt. Dies wurde zur Regel und hieran knüpft sich, dass ihr selbst die Gerichtsbarkeit über ihre Leute übertragen wurde, und zwar für jene Fälle, in welchen der Cetenar competent war (also Criminalfälle, wenigstens die schwereren ausgenommen). Des weiteren wurde dem

---

[1]) Waitz, Verfassungsgeschichte II, 385.

Immunitätsherrn der Blut- und Königsbann, also die volle Gerichtsbarkeit und zwar schliesslich auch über jene Vollfreien verliehen, die zwar nicht auf dem Boden des Immunitätsherrn sassen, deren Güter aber rings umgeben von immunem Boden Enklaven im Immunitätsgebiete bildeten. Hiemit war die Immunität zur territorialen Abgeschlossenheit gelangt.

Hat hiernach die Immunität eigentlich erst die Basis der grundherrlichen Gerichtsbarkeit geschaffen, so wird von anderer Seite die letztere als das ursprüngliche hingestellt; erst später seien die Fälle des höheren Blutbannes vor den ordentlichen Richter gezogen worden. Die Immunitätsverleihung bestehe nur in einer Ausdehnung des bereits früher vorhandenen Hofrechtes auf die freien Hintersassen, die bis dahin unter der öffentlichen Gewalt standen.

So sehr diese letztere Ansicht für die Anfänge der Immunität m. E. dem Wortlaute der Immunitätsurkunden widerspricht, so scheint mir doch für die Zeit, in welche die Babenbergischen Exemtionen fallen, Folgendes festzustehen: Es gibt bereits vor der Freiung ein Gericht des Grundherrn, in dem nach Hofrecht gerichtet wird. In den Bereich seiner Competenz gehören mindestens alle Streitigkeiten, die Grund und Boden und dessen Benützung, sowie das dingliche Verhältniss der eingesessenen Leute zum Grundherrn betreffen [1]). Daneben hält der Landrichter seine placita (auch auf kirchlichem Boden), in denen er wenigstens in Fällen des höheren Blutbannes über alle Eingesessenen des betreffenden Landgerichtssprengels, Genossen (Mitglieder der hörigen Gemeinde der Kirche) und Ungenossen richtet. Ohne Beschränkung zieht er vor sein Gericht die Streitigkeiten zwischen Genossen und Nichtgenossen. Fälle der niederen Gerichtsbarkeit kamen, wenn sie Streitigkeiten unter Genossen betrafen, regelmässig vor das Gericht des Grundherrn [2]).

Die Immunitätsverleihungen, mit denen wir uns hier speciell zu beschäftigen haben, gehören in Anbetracht der frühen Ausbil-

---

[1]) Vergl. Reichssentenz Konrad's III. 1149, Pertz legg. II, 564: omnem hominem sive liberum sive ministerialem oportere domum illius adire, cuius nomine possidet . . . si de ipsa possessione controversia ageretur. Denselben Rechtssatz enthält das österr. Ldrecht. jüng. F. Art. 41 . . . so sulu sew antwurten . . . vor dem herrn, des daz aigen ist.

[2]) Vergl. Eichhorn über den Ursprung der städtischen Verfassung in Deutschland. Zeitschrift für geschichtliche Rechtswissenschaft. Bd. I, 1815, p. 212.

dung dieses Rechtsinstitutes einer verhältnissmässig späten Zeit an. Dennoch lassen sich in den einzelnen Bestimmungen der Immunitätsbriefe die verschiedenen Stadien der Entwicklung noch deutlich erkennen. Den Ausgangspunct bildet noch immer das Verbot des introitus, wonach der Richter als solcher die Güter der Kirche nicht betreten darf. Ut nullus iudicum vel officialium in bonis ecclesiae quicquam tractare habeat. Freising 1164. Nulli umquam conprovincialium iudicum in bonis ecclesiae ibidem liceat alicuius placitationis formam habere. D. Orden 1233, Kremsmünster 1217, Gruppe der Florianer Urk. Neque terminum aut locum iudicialem, qui dingstat seu banstat vulgariter nuncupatur in prediis constituere. Florian Nr. 1; vergl. noch Göttweih 1232, Wilhering 1241, Lilienfeld 1209.

Der Landrichter und dessen Schergen dürfen nicht blos den gefreiten Boden nicht betreten, sie haben auch keine gerichtliche Gewalt über die Gotteshausleute (kein ius distringendi), kein Recht, sie vorzuladen, im Weigerungsfalle zu bestrafen [1]). Ne ad suum placitum evocent homines monasterii. Garsten, Gleink 1192. Ne aliquam iurisdictionem seu auctoritatem faciendi iudicium de hominibus ecclesiae . . . sibi debeant ulterius vendicare. Seckau 1202. . . . aut homines ipsius ecclesiae ad standum suo iudicio coercere. Kremsmünster 1217 D. Orden 1233 . . . nec ibi nec alibi homines . . . ad standum suo iudicio compellere (weder auf Klostergut noch anderswo). Florian Nr. 1 ff. [2]); vergl. noch Geyrach 1227.

Sehr anschaulich tritt die exemte Stellung der Immunitätsleute hervor in einer Urkunde, die Hartnid von Ort, Marschalk von Steiermark, (1217) für Kloster Garsten ausstellt. Der Abt hatte gegen ihn beim Herzog Klage geführt, dass seine Amtleute und Richter bei Kirchdorf . . . in illo iudicio, quod a me (Hardnid) semper in illis partibus haberi noscebatur, einige Leute Garstens, kaum 11 an der Zahl,

---

[1]) Wenn es in der undatierten Urkunde Herz. Friedrich's II. für Wilhering heisst: homines . . exemtos esse volumus a generalibus placitis seu privatis, nisi propria venerint voluntate und ähnlich in dem Privileg K. Friedrichs II. für Wilh. per nullum iudicem secularem vel . . advocatum ad communia vel privata placita, nisi per se voluerint, aliquatenus compellantur, so scheint diese Exemtion von der Gerichtsfolge den einzigen Inhalt der in diesen Privilegien verliehenen Immunität gebildet zu haben. Sobald das Stift selbst die Gerichtsbarkeit inne hatte, konnte es den Leuten desselben nicht mehr freistehen, nach eigener Wahl die Dingstätte des Landrichters oder ihres Grundherrn zu besuchen.

[2]) Auf juristisch unwesentliche Varianten nehme ich keine Rücksicht.

zum Besuche ihrer Dingstätten anhielten „et iudiciis et locis statutis volebant saepius ad sua tribunalia coartare et, nisi coram eisdem meis iudicibus iuri starent, ad emendationes sicut alios illius provinciae indigenas acriter compellebant". Hartnid erklärt, er habe diesen Missbrauch abgestellt und seinen Richtern jeden Gerichtszwang über die Leute des Klosters verboten ¹).

Aus dem Wortlaute der Urkunden ist durchaus nicht zu entnehmen, dass nur eine bestimmte Classe der Leute der Kirche, etwa nur die freien Hintersassen, von der Gewalt der Richter befreit würde. Es kann daher dem Gedanken nicht Raum gegeben werden, als hätte früher nur ein Theil der auf dem Kirchengute ansässigen Bevölkerung unter der öffentlichen Gerichtsbarkeit gestanden. In der Regel werden die „homines ecclesiae" im allgemeinen dem öffentlichen Richter entzogen. So weit in den Urkunden eine weitere Gliederung der „homines" hervortritt, dürfte die Dreitheilung in coloni, proprii und censuales als die constanteste zu betrachten sein. So werden z. B. unterschieden: homines ecclesiae, sive coloni, sive proprii sive censuales D. Orden 1233; coloni vel homines proprii D. Ord. 1239; coloni et familia, liber vel servus claustri Geyrach.1227, homines, coloni, servientes et famuli D. Ord. 1233; homines coenobii sive coloni in praediis ecclesiae, proprii, sive censuales sive ministeriales Kremsm. 1217, maierholden auf urbar, aigenleut, zinsleut, dienstleut Florian N. 6 in einer alten deutschen Übersetzung. Es ist bei diesen und allen ähnlichen Angaben sehr schwierig festzustellen, in wiefern eine Häufung gleichbedeutender Ausdrücke oder eine rechtliche Scheidung vorliegt. Ein Gegensatz von Hörigen und Eigenleuten lässt sich mit Sicherheit annehmen. Was aber die Ausdrücke coloni und censuales betrifft, so sind beide gleich dehnbar, da jeder Colone ein Zinsmann, jeder Zinsmann ein colonus sein konnte. Die geringe Anzahl von Stellen, welche mehrere Classen von homines anführen, gestattet nicht, daraus die Gliederung der bäuerlichen Standesverhältnisse zu abstrahieren, wenn dies bei dem Ineinanderfliessen derselben überhaupt möglich sein sollte. Das Schwanken der urkundlichen Ausdrücke ist ein Grund mehr, um anzunehmen, dass das Verbot der districtio eine Neuerung enthielt in Bezug auf die ganze auf dem Kirchengute sesshafte Bevölkerung und nicht etwa blos in Bezug auf eine bestimmte Classe derselben.

---

¹) U. o. E. II, 594.

Mit dem Verbote des introitus und der districtio hängt es zusammen, dass der Landrichter nicht mehr befugt ist, Gerichtsgefälle zu erheben und Leistungen entgegen zu nehmen, wie sie den Richtern gebühren. Gerade diese, die nutzbare Seite der Gerichtsbarkeit, die ihr den Charakter des Amtes genommen, den des Lehens gegeben, wird in den Immunitätsbriefen oft ausschliesslich hervorgehoben und mit der Befreiung von den Abgaben, die Befreiung von der Gewalt des Richters überhaupt ausgesprochen. Nullus iudicum aut ammannorum ... servitia ulla exigere vel exactiones ... praesumat exercere. Leopold VI. für die herzogl. Patronatspfarren. Ne quis ... in bonis fratrum ... intus ant foris [1]) occasione nostrae repetendae justiciae ... aliquid exigere ... audeat. Schotten 1181. Vergl. noch Formbach 1194, Neustift bei Freising 1164, Waldhausen 1240.

Die negative Seite der Immunität wäre hiemit erschöpft. Wie erwähnt, hatte die Exemtion auf ihrer untersten Stufe noch nicht die Übertragung der Gerichtsbarkeit an den Herrn des gefreiten Bezirkes zur Folge. In den Urkunden, mit denen wir es hier zu thun haben, wird sie entweder ausdrücklich ausgesprochen oder kann ohne Bedenken supplirt werden, wenn nicht besondere Gegengründe vorliegen. Reliqua foris[2]) facta (den Blutbann ausgenommen) officiales nostri (Frisingenses) iudicabunt Freising 1164. Sed ipsum prepositum et suos officiales permittant ... in eosdem homines potestatem iudiciariam in omnibus causis exercere. Seckau 1202. Sed ipsi fratres rerum suarum habeant plenam potestatem. Lilienfeld 1209. Ut tam ... praedia quam omnes causae quae in ipsis emerserint ... tam ... sint exempta, ut de ipsis preposito et eius officialibus liceat cognoscere et de cognitis diffinire. Kremsm. 1217, Florian, D. Orden 1233. Iidem homines debent coram dictis fratribus conveniri, qui de ipsis facerent iudicium et iustitiam competentem. D. Orden 1239. Lantgerichte ... ecclesiae ... tradidimus. Freising 1189. Renunciavit (dux) fodro et lantgerichte ... et nos concessimus episcopo. Passau 1215. Lantgeribte tradidimus. Lambrecht 1202. Lantgerihte et compositiones et banos ... conferimus. Lilienfeld 1217.

---

[1]) Intus bezeichnet das eigentliche Stiftsgebäude, foris ergibt sich durch den Gegensatz von selbst. Das intus war von je immun, selbst der Vogt hatte keine Gerichtsbarkeit über dasselbe. Es umfasst die Geistlichen und eigentlichen Dienstleute des Stiftes.

[2]) Nicht foris wie bei Ludewig und Meiller.

Die Gerichtsbarkeit wird in der Regel nicht in vollem Umfang verliehen, sondern nach drei Richtungen hin beschränkt, nämlich in Bezug auf Fällung und Vollstreckung der Bluturtheile, für den Fall der Justizverweigerung und bei Unzulänglichkeit der eigenen Zwangsmittel der Kirche. Ausübung des Blutbannes, Fällung der Urtheile und Vollstreckung derselben macht nach canonischem Rechte irregulär. Wurde einer Kirche die volle Gerichtsbarkeit übertragen, so musste sie zur Ausübung des Blutbannes einen Vogt bestellen. Da nun zur Zeit der Babenbergischen Exemtionen das Streben nach Entvogtung sich bereits allgemein geltend machte, so wurde bei Verleihung der Immunität die Ausübung des Blutbannes von vorneherein ausgenommen, um die dadurch bedingte Bevogtung zu ersparen. „Religiosarum personarum ordo executionem criminalis iudicii sibi non vendicat — huius iudicii executionem ordo sacerdotalis sibi non vendicat" heisst es sehr bezeichnend in den Privilegien für Florian und für den deutschen Orden 1233. In einer Urkunde für Sanct Paul in Kärnthen von 1241 erklärt Herzog Leopold VI., er habe auf den Gütern, die das Kloster von Graf Burchard sammt dem Blutbann erhalten, letzteren an sich gezogen — „ne vestris (ecclesiae) bonis incommodum inde proveniat" [1]).

Der Umfang des Blutbannes wird in den einzelnen Fällen verschieden angegeben. Entweder wird er auf Verbrechen im Allgemeinen („facinerosus" Wilh. 1241, „reus facinoris" Seitenstett. 1240) oder auf bestimmte Verbrechen bezogen, nicht mit erschöpfender, sondern blos demonstrativer Aufzählung der einzelnen Fälle. („fures" Freising 1164, „violentus raptor aut fur manifestus" Lilienfeld 1209). Meist wird er nicht durch das Verbrechen, sondern durch die darauf gesetzte Strafe näher bezeichnet, und wird als solche entweder Tod oder Tod und Verstümmlung der Glieder erwähnt. „Morte condemnandus" Schotten 1181, „si . . . mortem promeruerit corporalem vel membri mutilationem" Geyrach 1227, „reus sanguinis condempnatus" Garsten 1192.

Einbringung und Überführung des Verbrechers geschieht durch den Beamten der Kirche, nicht durch den Landrichter. Talium (nocentium) personarum inquisitiones officiales tantummodo faciant. Florian. Si vero aliquis liber vel servus claustri de . . . maleficio accusetur,

---

[1]) Archiv VI, 309, Nr. XI. M. 129, 173.

causa eorum officialibus claustri ventiletur et si convictus legitime uerit... iudicio nostro... relinquatur. Geyrach 1227. „Reus facinoris, qui fuerit in praediis incusatus". Seitenstetten 1240. Das Ausmass der Strafe steht der Kirche und ihren Beamten nicht zu, sie beschränkt sich wie die Geschwornen im modernen Strafprocesse auf die Thatfrage und spricht ihr Schuldig oder Nichtschuldig. Der auf handhafter That ergriffene oder sonst überwiesene Verbrecher wird durch die Amtleute der Kirche oder durch den Vogt an den Landrichter ausgeliefert, welcher sich des Delinquenten nicht aus eigener Machtvollkommenheit bemächtigen darf [1]). (Incusatus) provinciae iudici... presentetur... juxta meritum puniendus. Seitenst. 1240, Iudici... debeat perpetrari, ut iustum fuerit, puniendus. Wilhering 1241. Ad iudicium sanguinis tradatur. Florian [2]). Iudicio nostro in Tiver relinquatur; quodsi secundum iura terrae mutilationem suam postestpec unia redimere, ipsa redemtio ad claustrum pertinebit. Geyrach 1227. Die Fällung des Urtheils geschah also erst durch den herzoglichen Richter. Quem tamen iudex non propria auctoritate sibi usurpabit.. sed homines ecclesiae assignabunt. Göttweih. 1232. Sed procurator ecclesiae iudici assignabit. St. Pölten 1243. Per officialem vel per eum, quem... constituimus advocatum, tradatur conprovinciali iudici condempnandus. Florian. Per eum, qui in defensione ecclesiae vices nostras sibi gerit commissas, ad iudicium sanguinis tradatur. Flor. Nr. 3. Nostri sit officii vel eius tantum, quem ad hoc specialiter destinavimus, penam sanguinis exequi.

---

[1]) Vergl. Dönniges, das deutsche Staatsrecht 272, Note 1. Der Schultheiss vollzog in Strassburg die Execution gegen jeden Verbrecher bis zum Momente der Hinrichtung, diese aber, „der an des Vogtes statt da ist."

[2]) Es ist ungenau, wenn Berchtold S. 166 von den daselbst angeführten Fällen behauptet, es habe der Herzog gewöhnlich nur die niedere Gerichtsbarkeit weiter verliehen, und im Gegensatze hiezu die Urkunde für Florian von 1209 als Beispiel einer vorbehaltlosen Verleihung des Landgerichtes aufführt; denn auch in dieser Urkunde wird die Vollstreckung des Blutbannes ausdrücklich vorbehalten. „Quod si apparentia furti vel latrocinii vel alicuius criminis, quod mort dicitur vel alicuius maleficii, quod mortem malefici exigit, in homine ecclesiae notorie fuerit deprehensum, quia huius iudicii executionem ordo sacerdotalis sibi non vendicat, talis maleficus per officialem prepositi vel per eum, quem pro petitione prepositi illius ecclesiae constituimus advocatum, tradatur conprovinciali iudici contempnandus omni tamen possessione ipsius malefici tam mobili quam immobili soli ecclesiae conservata." U. o. E. II, 512.

Flor Nr. 4. Precones fures ipsis assignabunt, quibus nos . . . executionem mandaverimus Kremsm. 1217¹).

Die Habe des Verbrechers verfällt der Kirche, bewegliches wie unbewegliches Vermögen. Er wird dem Richter ausgeliefert „retentis bonis sicut cingulo accinctus fuerit" Göttw. 1232, „in persona tantum non in rebus puniendus" vgl. nach S. Pölten 1243, Wilhering 1241, Florian Nr. 1 ff. Alle Fälle der Strafgerichtsbarkeit, welche durch Geldbussen gesühnt werden können, stehen der Kirche zu. „Omni tamen culpa, quae pecuniarias admittat compositiones, ecclesiae reservata et concessa." Florian Nr. 3. Wenn nicht blos todeswürdige, sondern auch jene Verbrecher auszuliefern sind, welche einzelne Glieder verwirkt haben, — „quodsi secundum iura terrae mutilationem . . . potest redimere pecunia — fällt die Lösungssumme an die Kirche. 1233 wird der d. Ordenscommende in Gratz ausdrücklich der blutige Pfennig, die Busse für Verwundung mit Blutverlust geschenkt.

Wenn bei Loskaufung eines Übelthäters für die Zahlung der Busse und für das fernere Verhalten desselben Bürgschaft geleistet werden soll, verpflichten sich als Bürgen die Leute der Kirche in die Hände des Propstes, Nichtgenossen in die Hände des Richters. Si vero pro redemptione (malefactoris) conquerentibus satisfieri et de indempnitate provinciae pro eo fideiuberi contigerit, homines ecclesiae, si pro eo fideiubendo ad poenam pecuniariam se obligare voluerint in manus praepositi se obligent ceteri vero in manus iudicis²). Florian, Nr. 7.

Den Blutbann ausgenommen, hat das Kloster die volle Gerichtsbarkeit, auch die Vollstreckung eingeschlossen. Besonders hervorgehoben werden in einzelnen Privilegien: omnes quaestiones

---

¹) In Ausübung des Blutbannes kreuzen sich die Thätigkeit des Landrichters und des Vogtes. Der Kirche wird die Gerichtsbarkeit, oft auch die peinliche (per gladii oblationem) verliehen, sie verzichtet aber, was die Vollstreckung der Bluturtheile betrifft, auf ihr Recht (inventos nocentes personas a bonis ecclesiae infra mensem amoveant et in eis privilegio suo renuncient. Florian N. 3) und es ist Sache des Landesherrn als obersten Vogtes oder seines Stellvertreters, die Strafe zu vollziehen. Da in der Mehrzahl der Urkunden für Florian der Landrichter als executor angeführt wird, muss dieser es sein, quem ad hoc specialiter (dux) destinavit. Die Competenz des Landrichters ist eine überragende; er steht in dieser einen Beziehung der Kirche gleichsam als Vogt gegenüber.

²) Vergl. „ne iudex . . ad fideiussores tollendos possessiones ecclesiae ingredi audeat" in den Karolingischen Formeln.

super debitis et aliis causis sine effusione sanguinis in hominibus ecclesiae per totum ducatum emergentes. Seckau 1202. Alias vero quascunque causas sive pecuniarias sive prediales sive in personam sive in dampnum, bannos videlicet pugnarum, expurgationes omnesque obventiones scilicet losunge, uebervanch, gaumlos, nocturnos dolos in personis et praediis suis officiales ecclesiae ... exequantur[1]. Florian Nr. 4.

Streitigkeiten zwischen Genossen und Fremden kamen vor Verleihung der Immunität vor den öffentlichen Richter. 985 werden die Colonen Passau's vom Besuche des Landdinges eximirt. „Ne ad comitatum ire cogantur, nisi ea lege vel iure, quo ecclesiastici servi ab extraneorum pulsati reclamationibus pro satisfacienda iusticia ad placitum ire compellantur". Im 13. Jahrhundert bricht sich der Grundsatz Bahn, ut actor forum rei sequatur[2]). Dieser wird auch bei den Exemtionen festgehalten, so dass also die Leute der Kirche von Nichtgenossen beim Abte oder dessen Richter belangt werden müssen. Si in predio ecclesiae ... et in novalibus per totam marchiam sitis aliquis ex hominibus nostris ab hominibus ipsorum vulneretur, satisfiat laeso, ius vero banni apud ipsos totaliter permaneat. Lambrecht 1202. Alias causas ... officiales exequantur, ita tamen ut actor forum rei sequatur. Florian Nr. 4.

Klagt ein extraneus gegen einen Hausgenossen und kann er vom Abte oder dessen Richter sein Recht nicht erlangen, so wendet er sich an den vom Herzog gesetzten Vicevogt oder an den Landrichter. Die zuletzt citirte Stelle aus Flor. Nr. 4 fährt fort: id est si homo extraneus de foro alieno de homine ecclesiae conqueri habeat, a preposito tantum et officialibus suis iudicium exspectat, quod si consequi forte non potuerit ad eum causam deferat, cui pro tempore in defensione ecclesiae vices nostras commisimus. Denselben Vorbehalt macht folgende Stelle: In omnibus civitatibus liberam intrandi et exeundi ... (hominibus ecclesiae) tribuimus facultatem, nec ullus iudex civitatis vel fori contra ipsos aliquam audientiam

---

[1] Losunge = Lusmunge der österreichischen Weisthümer; losen ist horchen, losung das unbefugte, verdächtige Lauern. Überfang ist Grenzverrückung; vergl. Schmeller, bairisches Wörterbuch: überfangen, Zäune oder Marksteine über das Gut eines andern hinausrücken. Was ist gaumlos, was hasban in Florian N. 7?

[2] Statutum in favorem principum v. 1231 „item in civitatibus nostris actor forum rei sequatur."

super quacunque causa debet habere, nisi prius abbas iusticiam negaverit querulanti. Garsten 1192 [1]). Wenn die Macht des Abtes oder seiner Amtleute zur Schlichtung einer Streitsache nicht ausreichte, so hat auf ihre Requisition der Landrichter einzuschreiten. Si autem in aliquibus ordinis negotiis abbatem vel iudicem suum ibidem contigerit gravari vel molestari, ad petitionem ipsius abbatis vel iudicis sui iudex provinciae pro decisione negotii tenetur accedere. Formbach 1210. Ne habeat (iudex) potestatem iudicandi colonos eorum vel familiam nisi requisitus ab eis. Geyrach 1227.

War der Kirche ein eigener defensor bestellt, so schritt wohl der Landrichter erst dann ein, wenn weder Abt noch defensor dem fremden Kläger zu seinem Rechte verhelfen konnten. Si persona aliqua extranea contra hominem ecclesiae coram preposito vel eius officiariis pro aliqua causa querimoniam deposuerit, si homo ecclesiae ad exhibendam iustitiam conquerenti rebellis fuerit, actor causam ad eum, cui in defensione ecclesiae vices nostras commisimus, deferat. Si vero et illi ad exhibendam iustitiam conquerenti rebellis fuerit, ex tunc prepositus de tam contumaci homine privilegio suo renunciet et se postmodum de ipso non intromittat. Florian Nr. 6.

Ich habe im Vorausgehenden eine Darstellung der Immunität im Allgemeinen gegeben und zu diesem Zwecke die einzelnen Züge verschiedenen Urkunden entnommen. Es kam ja nicht darauf an, die Immunitätsverhältnisse aller einzelnen eximirten Kirchen zur Anschauung zu bringen, sondern die Detailbestimmungen der Urkunden wo möglich systematisch zusammenzufassen. Eine oder die andere wird man in den meisten Immunitätsbriefen vermissen, doch geht es in der Regel an, die Lücken im Einzelnen ex analogia zu ergänzen. Mitunter finden sich aber auch abweichende Bestimmungen. Der Inhalt der durch die Immunität verliehenen Rechte ist nicht durchaus derselbe. Namentlich treten bezüglich des Blutbannes solche Unterschiede hervor. Die Ingerenz des herzoglichen Richters beschränkt sich manchmal auf todeswürdige Verbrecher, manchmal bezieht sie sich auf alle Fälle einer efusio sanguinis auch auf jene, die durch Geldbussen gesühnt werden können. Ent-

---

[1]) Diese Exemtion bezieht sich nicht auf die Land-, sondern auf die Stadtrichter. Der Analogie wegen habe ich sie angeführt.

weder verurtheilte der Richter der Kirche zur Geldstrafe und lieferte erst dann, wenn sie nicht bezahlt wurde, den Delinquenten zur körperlichen Bestrafung aus, oder es fällte der herzogliche Richter das Urtheil auf Verstümmlung der Glieder und die Geldsumme, um welche die Strafe abgekauft wurde, fiel entweder der Kirche zu oder blieb dem Landrichter. Ohne die Bedeutung dieser Unterschiede zu verkennen, glaube ich doch, dass sie zu einer principiellen Scheidung der Immunitätsverleihungen nicht berechtigen. Namentlich finde ich in solchen Nüancen keinen Grund zu behaupten, dass entweder die volle oder nur die niedere Gerichtsbarkeit übertragen worden sei. Der Blutbann wurde mit grösserer oder geringerer Beschränkung regelmässig ausgenommen. Desshalb darf man aber die Immunitätsverleihung nicht auf eine Übertragung der niederen Gerichtsbarkeit zurückführen wollen. Die Exemtion war immer eine vollständige, die Übertragung der Gerichtsbarkeit eine theilweise. Die Differenz zwischen dem negativen und positiven Inhalte der Immunität bewirkte der nothwendige Vorbehalt des Blutbannes, nothwendig, weil sonst an die Stelle der öffentlichen die Vogteigerichtsbarkeit hätte treten müssen.